TRUTH OF
THE STOCK TAPE

江恩股市操盘术
（专业解读版）

［美］威廉·D.江恩（William D.Gann）著

唐璐 译

张艺博 点评

人民邮电出版社
北　京

图书在版编目（CIP）数据

江恩股市操盘术：专业解读版／（美）江恩
（Gann，W. D.）著；唐璐译．—北京：人民邮电出版社，
2014.11

ISBN 978-7-115-37286-4

Ⅰ.①江…　Ⅱ.①江…②唐…　Ⅲ.①股票—证券交
易—基本知识　Ⅳ.①F830.91

中国版本图书馆 CIP 数据核字（2014）第 235898 号

内 容 提 要

　　本书是华尔街投资大师威廉·D. 江恩所写的第一部股市操作指南，是一本极为务实的书。作者通过二十多年的实践交易经验证明了他所提出的一系列理论的正确性，并运用案例教学的方法告诉读者要有智慧地进行投资。本书内容涵盖股票市场以及棉花和谷类等大宗商品期货投资和投机市场交易，详细地介绍了这些投资产品的交易方法与规则，并深入剖析了相关风险与报酬，为读者在投资时提供了参考。此外，本书特别邀请了《证券市场红周刊》的资深专栏作家做注点评，使读者可以穿越百年时空，更好地领悟书中的要点，并将其应用于当今国内 A 股市场。

　　本书适合初入股市、希望了解股市运行基本规律以及所有对投资感兴趣的读者阅读。

◆　著　　　[美] 威廉·D. 江恩（William D. Gann）

　　译　　　唐 璐

　　点　评　张艺博
　　责任编辑　陈斯雯
　　执行编辑　付微微
　　责任印制　杨林杰

◆　人民邮电出版社出版发行　　北京市丰台区成寿寺路 11 号
　　邮编 100164　电子邮件 315@ptpress.com.cn
　　网址 http://www.ptpress.com.cn
　　北京虎彩文化传播有限公司印刷

◆　开本：700×1000　1/16
　　印张：14　　　　　　　　　2014 年 11 月第 1 版
　　字数：150 千字　　　　　　2025 年 9 月北京第 41 次印刷

定　价：49.00 元

读者服务热线：(010) 81055656　印装质量热线：(010) 81055316
反盗版热线：(010) 81055315

英文版前言

宁受教导，而非白银；宁获知识，胜于黄金。因为智慧比宝石更可贵，人们贪恋欲求的一切事物都无法与智慧相媲美。

与其他问题相比，盈余资金的投资可以说与你的福利是最密切相关的。关于这个问题，你或许能从我的指导中获取一些有价值的帮助。

在美国，每年都有数百万美元的资金被浪费在愚蠢的投机行为和不明智的投资活动上。这种毫无意义的浪费归根结底只有一个原因，即投资知识的缺乏。普遍情况下，当人们遇到一点小病痛，或者修理厨房水龙头这种小事，都要交给医生和水管工人这些对口的专业人士处理，然而对于投资，他们却不愿意做任何咨询，他们会在毫无准备的情况下冲动地对自己不了解的企业进行数千美元的投资。试想，这样做怎么会不赔钱呢？

如同医生治病一样，我是从科学的角度向读者提出一些投机交易和投资方面的专业建议与忠告。医生不可能担保你长命百岁，也不能保证让你远离病痛，但是在你遭遇病痛折磨时，他却能运用其丰富的临床经验和多年积累的医学知识对症下药，解决你的燃眉之急。我给你的不是看似完美却行之无效的理论，而是一些宝贵的建议。如果你能采纳我的建议，那么在日常的投机交易实战和其他投资活动中，你一定能赚取可观的利润。

有句话说得好，如果一个作者写作的第一目的是稿酬，其次才是相信自己所写的东西，那么他是不可能流芳百世的；同理，对自己的商品不自信的推销员也难以取得成功。我坚信本书主张的理论和规则能让你学以致用，因为我已经通过无数次尝试验证了它们。

　　我写这本书的目的是为了简化和集中阐述一些投资的基本原理，使其更具实用价值。我的投资知识是从二十多年的从业经验中总结出来的，在这漫长的时间里，我走过了一个人成功前必经的崎岖坎坷之路。因此，我希望这本书能带给读者一些实用的投资理念与技能，而不仅仅是纸上谈兵。

　　请仔细地反复阅读本书，并且深入研究每个图表和主题，我相信每读一次你都能从中获得新的启发和知识。哪怕只有几个人在读过本书后远离狂热的赌博式投资，转而走上保守的投机和投资之路，我的工作就没有白费，所付诸的努力也就得到了充分回报。

威廉·D. 江恩

1923 年 1 月 27 日于纽约城

读书往往能给人带来财富——从而改变人生。

让书本为我所用，

在无助时向其求助，

知识力量匮乏时从中汲取所需，

迷茫时随其开拓视野，明晰自我价值！

——拉尔夫·爱默生（Ralph Emerson）

目　录

第一篇　入市的准备

1

第二篇　怎样进行交易

入市的准备

没有人能学会自己无心去学的事物，即使这件事物就摆在眼前。一位化学家可以把他最宝贵的秘密告诉一位木匠，因为木匠永远也无法参透其中的奥秘——然而，对于这个秘密，哪怕用一座庄园来交换，他也不会对另一位化学家透露丝毫。

——拉尔夫·爱默生

1917 年，在美国被迫卷入对德战争之前，各方都在说"我们还没有准备好战斗"。当时的美国总统威尔逊（Thomas Woodrow Wilson）采取"密切关注"而非积极备战的做法，最终使得美国人在毫无准备的情况下被迫面对这场战争。

成功的律师、医生、工程师和其他专业人士在开始赚钱之前，都要花 2～5 年的时间学习专业知识和实习操练，为从业做好准备。

有些人未做任何准备就一头扎进华尔街做投机交易，对华尔街没有任何研究，还试图在自己一无所知的领域大展拳脚，他们怎么可能不赔钱呢？

那些仅凭主观臆断，或听信小道消息、谣传、媒体报道和所谓"内部消息"的投机商和投资者，根本没有成功的机会。如果他们不履行科学周密的计划、不遵循供求关系原理，那么肯定会赔钱。

基于本人二十多年的研究与经验，我有足够资格整理出一套非常实用的投资规律和指南，投资者只要按照这些规律和指南去做，必将成功。

如果一个人不愿意学习与钻研，不愿意从过去的经验中吸取教训，就别指望获得巨大的成功与收益。世上没有不劳而获的事，要想成功，必须先付出时间、金钱和知识。

第一章　认识"看盘"

所谓看盘，就是依照股市记录去研究股票的涨落情况，判断哪些股票处于强势，哪些处于弱势，并且决定最佳买卖时机。我们还必须能够判断出哪些是不活跃的、走势不明确的股票。

看盘是一种心理活动，它需要大脑工作，会受所见、所闻、所嗅、所尝、所感受到的一切事物的影响。在看盘的过程中，不只眼见的现象，感受和知觉也同样左右着我们，这些东西无法解释、难以言喻，这就是"直觉"。

我们经常听到一些股民说："我就是凭直觉买卖这只股票的。"我给直觉的最佳定义就是"瞬时推理"，在仔细分析之前，它可以为我们判断正误。从直觉中受益的做法就是立即行动，不要停下来分析，也不要想为什么，这才是行家做法。

大盘记录着商界主流势力的趋势，包含着大多数人的意愿，权衡着操盘手、股民和商人的希望与担忧。因此，如果你能准确地解读大盘，它就是一个可靠的交易指南和商界晴雨表，而这也恰恰是困难之处。大盘显示着规律，只要你能正确诠释。

看盘需要理智的头脑和强大的意志力，一旦看准了市场趋势，就不能再动摇，除非大盘有新变化，否则千万不要受新闻、谣言、小诀窍和传闻的影响。能够正确看盘并根据自己的判断行事是一个完全不同的命题。这一点我会在下文详细解释。

专家解读

"看盘"看什么呢？很多股民热衷于每天用 4 个小时的时间盯盘不放，甚至去卫生间也想着行情数据。实际上，大可不必，除了 k 线、成交量等基本因素之外，看盘的时间完全取决于你交易的周期。例如：

（1）日内短线交易客，天天盯盘是必须的，他们要时刻感受并追逐市场热点、资金热点和政策热点；

（2）上班族，每周看一次盘应该足够了，只在周末或者闲暇时对自己持有的股票周线进行分析即可；

（3）以月或者年为周期的交易者，他们经常不看盘，偶尔看一次也是月线和年线走势图。

由此可以得出一个结论：大气一些，眼光放长远，你会赚到更多的钱。理由只有一个，主力运作一只股票不会只有几个月，就算是极短线的主力，也要数周才能完成交易。

第二章　在华尔街能挣到钱吗

你可能听过这么一句话："在 100 个来华尔街的人中，有 99 个人都会赔钱。"反过来说，在每 100 个来华尔街的人中肯定还有一个人会赚钱。因此我认为，我们完全可以战胜华尔街，前提是只选取少数几只股票进行交易，并且遵循稳健的投资策略，这样才能挣到钱。

但是，怎样才能做到这一点呢？你必须掌握知识和科学。学习！学习！再学习！你要比其他人和普通交易者知道得更多，用心去了解华尔街的成功人士是如何挣到钱的。记住，"知识就是力量"。

一项统计数据表明：98% 的商人迟早会赔钱。既然如此，为什么还有那么多人选择经商呢？原因就在于还是有 2% 的人挣到并保住了钱。

问一问自己："我在华尔街赔掉的钱都让谁挣走了呢？"钱不会凭空消失，有人赔就有人挣。要想挣钱，就要像把你赔的钱挣走的人那样交易。要记住，每次你买的股票都是别人卖的，而每次你卖的股票也都有人会买。很多人买股票最后都会赔钱，原因就在于他们总是凭空臆测，相信媒体报道、小道消息或是内幕信息。他们不满足于安全稳健的投资，想要 10 个甚至 15 个点的利润。他们总是在接近顶部时被套牢，当然赔钱也就在所难免。

普通股民一般不会做空股票，当遇到熊市时，他们就会无所适从，并万分后悔地说："要是我当初买完股票及时卖出就好了，那样我就能挣一大笔钱了。"其实，与其后悔自责，还不如早日学会如何做空。

现在（指 1923 年），纽约证券交易所的股票已经超过了 700 只，这些股票大致可以分为二十多种门类。如果你对一个门类的所有股票都进行研究并跟踪它们的行情，你会发现这对你来说太多了，对一个门类的所有股票都进行交易是无法挣到钱的，更不要说在几个门类间同时进行交易。

研究股市行情需要有耐心，耐心的精髓和价值在于集中注意力。没有人能同时专注 10 件事情，更不要说 700 件。因此，股票投资成功的关键就在于选取少数几只股票并予以密切关注。

专家解读

江恩在这一章主要回答了"十人炒股八人赔，还有一人是平手"的疑虑。究其根本，讲的无非是"专注"。现在 A 股市场将近 3000 只股票，有人仅做一只就能一年赚取数倍的利润，而有人一年操作几十只却了无斩获。这一差别的关键问题在于你能不能忍受那种寂寞，尤其是在你持有的股票不涨而其他股票却疯涨之时。江恩有个问题问得好："我在华尔街赔掉的钱都让谁挣走了呢？"我认为是被有耐心的人挣走了。当然还有背后的那些交易商，他们的佣金收入不菲。江恩认为，一个人只要不断学习，学会专注，他就能在市场中赚到钱。

第三章　怎样看盘

有一种普遍的观念误导着股民（尤其是那些身处纽约市以外的交易者），这种观念认为正确的看盘方法就是站在股票行情收报机前，时刻关注每一条更新的报价信息。这真是错误至极。

专家级的看盘人少之又少。看盘是一个终生的钻研过程。大盘的确显示着市场趋势，但其中有非常多的微妙变化和快速逆转，一般人看不出是大趋势已经改变，抑或这只是主流趋势恢复前几小时、几天或几周的微小变动。

如果一个交易者到一个经纪人的事务所去看盘，他会看到股票行情收报机前到处都是三三两两甚至十几个聚在一起的交易者，他们都在不时地谈论，讲述着自己的观点或听到的各种消息。那么，这个交易者也一定会听到收报机里播报的流言、街上流传的小道消息，以及在场者交流的买家和卖家的各种信息。在这些信息的干扰下，一百万人里面也难得有一人能集中注意力判断出股票的走势。

就算他能够选出一只绩优股开始交易，他也会受到收报机周围其他人言论的影响，导致不能在正确的时间采取行动。因此，在经纪人的事务所里看盘是很难战胜市场的。

无论一个人的意志力有多强，也都会有意无意地被所见所闻影响，而行动也就相应地被干扰了。这就是为什么像利弗莫尔（Livermore）那样的少数大交易商，都拥有一间装有股票行情收报机的私人办公室，在那里他们可以专心看盘而远离外界干扰，形成自己的认识并据此行动，根本不用受他们不想听到的消息的影响。然而，只有那些既富有又能将所有时间都放在股市和看盘上的人，才有实力拥有这种装有股票行情收报机的私人办公室，以供他们不受打扰地独自钻研股市，对此一般人是负担不起的。

另外，我们还必须学会怎样在不看（即不死盯着）大盘的情况下看盘。重大的市场走势，如长线波动，需要几个星期甚至几个月的时间来做准备，或完成累积与分配。每次大波动过后的一两天，总会有大量时间供我们买进或卖出。因此，没必要每天甚至每小时都盯着大盘来判断股票的走势，在股市收盘之后再去看盘效果会更好，也很简单。大盘只不过是股价的记录，只要能得到一天中高低价格的记录，你就能据此做出判断了。

股市的走势取决于供求关系。股价的涨落与成交量的数额大小成正比。成交量对于股市而言就相当于蒸汽对于蒸汽机、汽油对于汽车，它是股价上涨或下跌的动力。

举个例子，美国钢铁公司有 500 万股普通股，要让它的股价大幅上涨或下跌需要非常大的成交量。通用汽车公司有 5000 万股普通股，它的股价波动就很小，因为即使买进或抛售 10 万股，其价格变化也不会超过 1 个点。而同样买进 10 万股鲍德温（Baldwin）股票，却能使其价格浮动 5 ~ 10 个点，因为鲍德温总共只发行了 20 万股，而且其中在股市上流通的鲜少超过 10 万股。

因此，要理解成交量的含义，你必须先了解自己准备交易个股的股本发行总量和市场流通量。墨西哥保险箱公司在几年时间内股价浮动幅度达到 50 ~ 100 个点，而美国钢铁公司的股价浮动还不到 10 个点，原因就在于墨西哥保险箱公司股票的流通量很小，而美国钢铁公司股票的流通量很大。

还有一点，看盘者必须了解个股的财务状况是好还是坏。如果一只股票的财务实力雄厚，那么要吓唬投资者和交易商抛售就没那么容易。同样，如果一只股票并没有什么实际价值，那么也很难通过操纵使其价格维持在高水平。很多被认为拥有巨额隐匿资产的股票（即"神秘股"）经常会大起大落，因为股民们是在预期利好或担心利空的情况下才买进或卖出的。

一般来说，如果一只股票支付额外股息或分红，人们就会七嘴八舌地讨论，在实际结果发生前几个月甚至几年，各种流言就已经满天飞了，结果好消息出现时，自然被大打折扣，股价非但不会像大家预期的那样上涨，反而会下跌。

大盘是所有买进量和卖出量的度量尺，供需平衡是通过股价的涨落来表现的。当供接近于求时，股价就会保持在一个供求大致平衡的水平。在这种情况下，股价波动范围就很小，要判断下一步的股价变化，可能需要几个星期甚至几个月的时间。同理，当供小于求时，股价就会上涨。

这样的话，那些成天守在股票行情收报机前的人，怎么可能在大的波动发生之前就预料到呢？根本不可能。在行情形成期间，收报机每天都要误导人们一两次。在吸筹时大量买进股票需要一段时间，在股价涨至顶部时大量派发股票同样也需要时间。一天、一个星期、一个月甚至一年都不足以形成一次大的行情，有时要完成吸筹或派发，需要几个月甚至一年的时间。在此期间，你可以把你关注的个股变化情况绘制成一张行情变化图，这样当大行情到来之时，你做出的判断就会比成天盯着行情收报机要准确得多。

专家解读

怎样解盘呢？江恩已经告诉你了，不是每天收市后守在电视屏幕前等待专家的亮相，并为自己所提出的问题得到解答而心存感恩。有些专家在回答问题时，只是打开图表大致一看，10秒之内就给出答案。如果这10秒就决定了你几万甚至几十万资金的动向，你不觉得太草率了吗？不在行情报价室内听取各种小道消息，不受他人的影响，注重个股的换手率以及了解企业的财务报表等，这些是江恩对交易者的基本忠告。本章最后透露出江恩认为股价的最终决定者是供求关系。在时间上，我们看到通篇充斥的都是"几个星期甚至几个月的时间"的字样。对那些持股不会超过三天的交易者而言，几周时间显然堪比数年的长度。对于江恩来说，时间是他的第一强项；趋势是他的第二强项；成交量应该是最后一个强项了。当然，贯穿始终的还有他提出的金字塔式交易法。

第四章　不要被大盘误导

交易者经常被大盘表象误导。大盘看起来处于最弱势的股票，往往因为人们正在吸筹而处于最强势；而有时这些股票非常踊跃地上涨，表面看起来处于最强势，实际上却是最弱的。因为，当每个人都在狂热地买进时，内部人士却在悄悄卖出。

单天的股市行情

整天盯着大盘的人容易被自己的希望和担忧所影响，这一点他们控制不了。假设某天股市的走势一直都很强劲，他们所关注的那些股票也在稳步上涨，到了下午两点半左右，整个股市突然开始大幅下跌，在下跌了 15 分钟后，那些活跃的股票都从顶部下跌了 1 个点。而这还没有结束，到了离股市收盘的 3 点还差 5 分钟时，它们又跌了 1 个点。由于所持股票数额巨大，他们觉得形势有点不对劲，于是在收盘时抛售了所有的股票。然而第二天早上股票一开盘就比昨天高出了半个点到 1 个点。这是为什么呢？就是因为前一天最后半小时的卖出只是套利的结果，所有担惊受怕的股民们都不敢留着股票过夜，于是在收盘时全部抛售了，导致第二天上午股票卖单有限，而这种反应却干扰不到也改变不了主流走势。

那些时刻盯着股票行情收报机的人容易犯的最大错误，就是交易过于频繁。有时，他们一天之内买进和卖出好几次，而每次都要支付佣金。如果每次涨跌时都买进和卖出，那么即使在交易中赚取了利润，他们的损失也在相应增加。假设一个人每年交易 300 次，或者说每个交易日交易一次，平均每次买卖都要支付半个点的佣金，那么一年内光佣金开销就是半个点乘以300，也就是150个点。损失这么大，谁挣得到钱呢？而如果一个人每个月只交易一次，或者说一年交易12次，那么他的开销就只有6个点，远远强过前者的150个点。

股民们容易忽视的另一个重要事实是，当一个人在股市上交易越频繁，他改变自己判断的次数也就越多，这样，他犯错的概率就增加了。无论是在牛市还是在熊市，都常有与大形势相逆的行情，从中也可以赚取可观的利润，前提是不能每天都不断地买进卖出，一定要等到有了充分的理由，才能开始交易。如果只是按照自己的期望或因焦虑而轻易买卖，不仅会亏钱，还会错失赚钱的真正机会。通常情况下，单天的行情对于股市的主流趋势没有任何意义。

隔夜的买单或卖单

一般情况下，外地的买单会隔夜累积起来。如果买单的数量超过卖单，股价就会在股民们填单的前30分钟一路上涨；接下来就会发生一次回跌，股价可能跌到比开盘的时候还低；直到下午两点半场内专业人员决定平仓之前，股价都会起伏不定；之后的半个小时又会根据场内交易者做多或做空而相应地上涨或下跌。

记住，场内专业交易员是不需要支付佣金的。如果你买进一只股票，在它涨了半个点后将其卖出，那么你还是赚不到钱，因为你要支付税金和佣金。但场内的交易员却能赚到半个点，因为他们省去了佣金开支。

星期天的报纸常常会回顾一周的股市行情并发表评论，股民们看完报纸后，就会在周一发出买单和卖单。如果订单数量很多，他们就能影响股市半个小时，甚至有时能影响一个小时之久。在这之后，股市就会朝相反的趋势发展。

如果股市连续一周（尤其在后半周），一直到星期六收盘时都处于强势，到下周一仍然可能会强势开盘，而在开盘一小时后停止上涨。所以，在星期一上午强势开盘时买进股票一定要非常谨慎。股民们在星期天积存的预买单，都要在星期一上午进行交易，只要这些需求信息一公布，专业交易员就开始卖出，此时的状况和价位就会使股市发生相应的回跌。

即使是在形势不断走高的牛市，你也可以等到周一下午或周二再买进股票，那时价格比周一上午要低一些，因为股民们已经买过一波，而专业人士正在对股价进行打压。

以上规则在股市走弱时正好相反。如果股价在整个星期或一周的最后两三天都处于弱势，并且周六以低价收盘，那么就会迫使下周一早上出现抛售高峰，导致股价在开盘的头 30 分钟到一个小时内跌到更低。在压力释放后，股市就会止跌回稳。因此，在处于强势反弹的周一卖出，或在处于弱势的周一早上买进，都是值得的。这一规则当然也适用于正常的股市。

忐忑不安的期望

还有一点，当一个人在股市中因做多或做空而赔了钱，就会希望股市能按自己的想法发展，这是人的天性。如果某天早上这个人被催交保证金，他会告诉经纪人，要么在收盘之前交保证金，要么就卖掉股票。当等了一整天，直到最后一个小时股市也没有反弹后，希望会变成失望，这个人就会在收盘时卖掉股票，而与此同时，成百上千的人也在同一时间做着同样的事情，这就会导致股市收盘时下跌到接近底价。

这一规则也适用于在股市上做空的人。假设某天一早股价就开始上涨，他们会期待着股市能在中午的时候下跌；但是到了中午股市并没有下跌；到了下午两点钟，股市开始走强，他们又希望能有一次回调，然而强势行情依然在继续；结果到了快收盘时，所有做空的人都被吓到了，于是赶紧买进。理所当然的，这一天股市以高价收盘，但却处于弱势状态，第二天股价便下跌了。

　　一个交易者要想获得成功，就必须研究人性，并做出与普通股民相反的举动。在股价下跌的第一天，没人会太在意，因为人们都认为这不过是一次自然的回调。股市通常在星期三开始下跌，星期四继续走弱，这时股民们才会开始紧张地密切关注，想等下一次股价反弹就抛出。然而到了星期五，股价仍然没有反弹，反而跌得更低了。这是怎么回事呢？一般来说，人们不会在股价下跌的头两天卖出股票，而是在第三天才开始卖，到了星期六，所有人都惊慌失措地抛售股票，都不愿意熬过星期天。结果导致股价在最后一个小时严重下跌，并以接近底价收盘。而聪明的交易者或看盘者深谙其中之道，在弱势出现的第一天就赶在大家之前把股票卖出了。

　　这一规则也适用于一连持续几个星期甚至几个月的下跌和上涨。股市上一种走势持续得越久，在最后阶段买进或卖出的数额就越大。因为当股市持续走强或走弱时，人们的期望或担心就越强烈，而大多数人在交易时依据的正是这种忐忑不安的心理，而不是准确的判断力。

股票能贴现未来事件

　　股票是能准确显示经济状况的晴雨表。股价往往提前半年或一年就预示了经济情况的变化。首先是债券价格上涨，然后是股价上升，接下来就是经济繁荣。股价下跌时也是同样的情况。如果正当经济繁荣，股价却在6~8个月持续下跌，那么预示着未来经济萧条。

　　通常在人们了解之前，股市的大趋势就被存在已久的各种因素所影响了。大多数时候，消息在传出来之前就已经被贴现了，而当大家都知道这个消息时，它对股市就没什么影响了。无论人们期望的是好消息还是坏消息，它们对股市的影响都没有多大意义。

　　例如，一只股票的季报或年报出来后，或许极好或许极差，但股市并不会因此而震荡，因为这对业内人士而言早已不是什么新闻，他们可能在一个月甚至三个月之前就已经知道了。所以，当大家得知这个消息并据此采取行动的时候，就已经太晚了，因为那些"知情"的业内人士早已贴现了这一消息。

如果突然爆出利空消息并且股票正在被大量抛售，那么就完全可以确定股市正在下跌，大家都在买进而业内人士正在抛售。如果有利好消息出现而股价开始下滑，那么就说明利好消息已经被贴现了。你的股市行情变化图会告诉你股市是处于派发期还是吸筹期。

意外的突发消息

有时，一些意外的事情会不可预料地发生。例如，1906 年的旧金山大地震，对于普通股民和业内人士而言都是出乎意料并且无法预见的事情。地震造成了巨大的经济损失，股市因此狂跌了好几周，直到贴现了这场灾难带来的所有损失为止。当这一消息爆出后，股市根本没有时间来做准备，人们只有在事后才能感觉到地震所造成的压力和影响。

1917 年 2 月 3 日，德国突然毫无预警地向美国发动潜艇战。当时股市并没有完全贴现这一突发事件，因为无论是普通股民还是业内人士都没有预料到战争的来临。当消息一传出，所有人都知道美国必须与德国开战。这样一来，这条消息就成了一条尚未被完全贴现的利空消息，而股市必须衡量它的影响。结果就是，各地股票都以下跌 5 ~ 20 个点低开，好在支撑股市的订单已经下单，空头买进也给予了足够的支撑，才得以在交易开始的一个小时内阻止了下滑趋势。

当这种行情出现，股市大幅高开或低开时，最好卖出做多的股票或者空头平仓，然后观望等待，因为大交易商们基本都会这么做。在 2 月 3 日，如果你看到股市因大量抛售而引起低开，过了半个小时股价却并没有比开盘时下跌多少，那么就说明股价在开盘时已经得到了支撑，稍后就会反弹回升。如果你正在做空头交易，最明智的做法就是先平仓，然后观望这一天和第二天股票的反弹情况。如果反弹幅度很小，股价又轻易地下跌，并且开始低于利空消息爆出当天的最低价位，那么就说明股价还会继续下跌。

美国总统大选

回顾以往的美国总统大选年，研究一下大选年早期、中期和后期的股市行情及其变化图，你会发现这样做是很有益处的。大多数时候，无论美国总统大选被认定为利好消息还是利空消息，都会提前被贴现。

除了有时会出现股市恐慌与狂跌之外，总统大选年与以往没什么不同。人们的情绪会变得十分复杂。如果人们认为民主党会胜出，股市就会贴现这一猜测。然而，不管是民主党人还是共和党人当选总统，其实都没有什么差别。如果股票已经派发到了人们手中，那么就算是共和党执政，股市也会下跌。无论是共和党人入驻白宫，还是民主党人当权，美国人都会有同样的恐慌。股市行情完全取决于股价水平和全美的形势。这些重要信息都会被大盘记录下来，也会显示在你的股市行情变化图上。如果没有，就继续等待，直到出现明显的迹象。

1896年7~8月，股市发生过一次严重下跌，即众所周知的"白银恐慌"。全美上下都认为威廉·J. 布莱恩（William Jennings Bryan）会当选总统，他的白银梦会成为现实，于是都担心起来。投资者和交易商们不惜代价地疯狂抛售股票。8月8日，工业股和铁路股的平均价格跌到了有史以来的最低点。

1912年，股市在美国总统大选前的九、十月份一路上涨，因为共和党人坚信民主党不会胜出，所以他们没有制造出恐慌让股民们抛售股票。而那些担心"民主党人士"会把美国毁掉的投资者们，完全没料到威尔逊会当选总统，于是他们在大选后开始大量抛售股票，以贴现民主党的执政。接下来，1914年第一次世界大战的爆发使很多人破产，情况比想象中的还要糟糕。然而，就算是共和党当政，股价也一样会下跌，因为其真正的原因是股价过高，股市已经由强转弱，在大选时全美的普遍形势根本不能保证股价维持在原来的水平。

美国总统大选后的反弹

  每当有重要的选举，无论总统大选还是其他的选举，其影响都会被股市充分贴现。但是，如果人们都认为这次选举结果是利好消息，他们就会在选举后的第二天发出买单，之后股市会一直走强，直到买单需求得到满足为止。因此，选举过后先观望两三天是值得的，你可以看看在选举后股市行情是否和选举前走势一样。例如，在威尔逊当选美国总统的第一天，股市走势很强，但是在人们的买单全都成交后，股市就开始下滑了。在选举后反弹的顶部买入一定要特别小心。同理，如果选举后的两三天内股市低开并下跌，那么卖出就要慎重，因为这可能只是人们出于惶恐而正在抛售，而业内人士可能会扶持股市，使其开始回升。

专家解读

  下面，我进一步阐述一下时时盯盘和频繁交易所带来的危害：
  （1）容易被瞬间稍大的波动所左右（主力的做盘交易有可能会被盯盘者看到，从而被骗抛售筹码或者买进主力抛售的筹码）；
  （2）判断进出的次数增加，错误概率也随之增加（错误率可能并没有变化，甚至还有相应的提高）；
  （3）不可忽视的佣金，榨取了大多数利润。
  避免上述这些危害的办法就八个字：远离市场，紧盯趋势。
  希望和恐惧是很多人在交易中都会有的心理。很多人都在对逆趋势的错误期望以及在害怕赔掉本金的恐惧中做出了错误的交易决策。江恩认为，一个交易者要获得成功，就必须研究人性，并走鲜有人走的路。

可能有的读者对江恩在本章中所述的"星期三、星期四和星期五……"的论述格外关注，进而生搬硬套。然而，这并不是江恩的本意。江恩只是试图通过这一具体的日期描述交易者的心理反应。这里如不作特殊说明，很多不明就里的交易者确实会那样做。另外，本章也透露出江恩成交量理论的端倪，即行情越趋近于末期，交易量就会越大。

很多股民看到新闻报纸上某只股票的报道，就会兴冲冲地冲进去交易，殊不知股票市场最大的特点就是，它能够提前贴现未来事件。也就是说，当你知道这条消息的时候，市场已经消化并提前反映了这一消息。江恩的理由是，早有内部"知情人"提前行动了，很多个股和股东以及操控该股的主力已经在一定程度上达成默契。当然，这种阴谋论的调调非常不适合现在证券市场信息透明、公开、及时的三个原则。但是，即便是普通交易者和主力同时得知消息，根据A股的交易原则：价格，时间，数量依此递进的关系，同样价格同样时间，主力的巨量封单让你排几天队也买不进去。等你能买进的时候，主力已经准备部分减仓了。尽管这类消息可以归咎为突发消息，但是此时能做出的反应，按照江恩的说法，是退出并观望。先退出市场，然后再客观冷静地观察趋势可能发生的变化，进而做出合适的交易决策。印象中A股的"五三零事件"，在大盘相对高位时半夜突然宣布大幅提高交易印花税，导致大部分股票连续三个跌停。对于这样的重磅新闻，第二天股市一开盘大部分个股还都没有直接封板跌停，基本上在上午两个小时的交易时间内，交易者还是有充裕的时间清空手中的筹码。可惜很多人那时都无动于衷，眼睁睁地看着资产大幅缩水而心如刀割。这就是决断，看不清突发消息对市场走势可能的影响时，就要退出观望。

说到大选，美国是每四年一次，市场会表现出对新一届政府可能的财政经济政策的期望。在我国，应该就是每五年一次的换届两会了。这时会出台很多重要的经济发展战略纲领性文件，对这些文件的解读基本上可以为股市中相关个股未来五年的走势定调。有了这样的宏观把握，就可以尽量避免赔钱。

第五章　股票是怎样出售的

新公司成立之初都需要资金，这时必须出售股票。出售股票的方法与商家卖出商品的方法类似。优秀的商家会为他们的商品做广告，股票发行商也会推广自己的股票。当发行商想将一只股票派发到公众手中时，他们就会设法在报纸上做广告，广泛宣传这只股票的波动情况，尽其所能地吸引人们的注意。

要想让公众参与其中，股价就必须有大幅度的浮动性和活跃性。如果一只价格为40美元左右的股票在三四个月内只上下波动了五六个点，那么人们可能就不大会注意它；但如果这只股票涨到了150美元，并且每天都有5~10个点的波动，每个人都会对此津津乐道。人们似乎看到了赚大钱的好机会，于是开始对这只股票进行交易。结果，广泛的宣传和广告吸引人们以高价买入所有股票，然后股价开始下跌。人们观望并期待着反弹，不再过多地谈论，直到这只股票跌到接近最低价，所有利空消息都出来后，大家才又开始谈论它。

愿望产生想法

对于任何人提出的观点，不管是报社记者、大银行的总裁还是大企业的老板，你都要仔细思考一下，尤其在这些人鼓吹形势大好的时候，你要想到，他们一定是有东西要卖出，此时不会讲对自己企业不利的话。

很多年前，华尔街有一位B先生，收集了很多信息，有时也为报社写写文章。他小有名气，经常去采访各个经纪公司，股民们都急切地寻求他的想法。他们经常问："B 先生，您觉得太平洋联盟这只股票如何呢?"他总是回答："我认为这只股票会涨。不管怎样，我希望它能涨，因为我也买进了很多。"看，这就是他认为股票会上涨的原因：他持有这只股票，希望它会升值。他当然不会跟别人说这只股票会下跌，如果那样就可能引起一阵抛售狂潮，从而损害他自己的利益。

过分乐观

如果你有长年认真读报的习惯，或者回顾一下历史记录，你会发现，身为大企业老板的商界杰出人士总是很乐观。经济大萧条持续了五年，到处都是恐慌局面，股票狂跌了 25 甚至 100 多个点，但这些人仍然表现得很乐观。难道他们是因为判断错误而搞不清楚状况吗? 当然不是。那是因为他们有东西要卖，所以必须对人们隐瞒自己的真实想法，为维护自己的利益说好话。

在我的印象中，美国钢铁公司的官员们从来没有悲观消沉过，可有好几次他们的股票都付不起股息，行情十分不景气。事实上，单从记录来看，这些情况是该公司的主管们事先根本没预料到的。

乐观是件好事，但是不管在商场还是在股市，真正能帮助和保护你利益的只有真相，而不是异想天开的希望和毫无保障的乐观。在你陷入困境时，希望并不能让别人免掉你的保证金。要避免这种令人不快的事情，唯一的方法就是在股市上顺势而不是逆势而行。

一般情况下，报纸不会刊登任何悲观的言论。在 1920 年和 1921 年，我对普遍商业情况进行预测时，依据的是客观真相和科学事实。我预测 1920 年和 1921 年会出现严重的经济萧条，但当时大多数报纸都拒绝发表我的预测言论。后来，这一预测的确成为了现实。

俗话说"有备无患"! 在萧条到来之前，最好的做法就是告诉人们，让他们做好准备，而不是等到危机到来后才告知 (报纸就是这么做的)，到那时麻烦就大了。所有的效应都事出有因，而在人们能看到结果之前，诱因早就存在很久了。正确的做法是一旦发现某种苗头就马上做出反应，若等到看见它的影响时，就肯定得在股市上赔钱了。

盲从的交易者

如果一个人在华尔街待了 20 年，长期目睹交易者们的行为方式，听到他们的谈话内容，就会相信人类是起源于猿猴这种说法了。因为普通的交易者只是在简单地模仿着某位领军人士，复述着从大人物那儿听来的话，并对此深信不疑，用这些话来给自己打气或缓解恐惧。

已故的摩根先生说过："对自己的国家持悲观情绪的人容易破产。"我经常听到经纪人事务所里的一些交易者谈论利好和买进，这时如果一位保守人士在一旁劝导说："牛市能赚钱，熊市有时候也能赚钱，只有贪婪的人赚不到钱。"他们就会说："不要做空头交易，对国家持悲观情绪的人容易破产。"摩根先生的言论对于商人来说是有价值且备受推崇的，而当他说这句话的时候，他所指的根本不是股市。如果要针对股市发表言论，他就会这样说："在每隔几年就出现一次的股市波峰时，做多的人一定会破产；而在股市处于波谷时，做空的人也一定会破产。"

只要交易者稍微有一点交易常识，肯独立思考，而不是简单地盲目效仿报纸上的言论，再分析一下在股市处于顶峰和波谷时人们表现乐观和悲观背后的原因或动机，就能赚到更多的钱。要想在股市中获得成功，你必须亲自研究和思考。无论是牛市还是熊市，不管你相信谁的言论，只有你的股市行情分析图才能显示大盘的实际情况和大多数人的观点（而不是一个人或一部分人的观点，无论他们有多强大），只要你能根据自己对图表的研究去验证，就会大有收获。

标准石油的股票可能走势会很好，人们谈论它时非常乐观，他们可能很坦诚也很负责，为了验证他们的言论而买进标准石油的股票。然而，大盘会显示所有美国人买进和卖出的情况。如果供求关系显示供给大于需求，那么这只股票就会下跌，直到需求超过供给为止。

时机的信号

"万物皆应时。"大自然的所有规律都印证了这句话。播种和收割都各有时机，一年中的四个季节提醒着我们什么时候该收割，什么时候该播种，我们不能违背大自然的规律。人们不会试图在格陵兰的冰山上种植柑橘，也不会期望在佛罗里达酷热的河流里捞取冰块，因为那些做法是违背季节、时间和地点的。股市上也一样有买入和卖出的时机。当时机来临时，不管是卖空的人还是做多的人，也不管他们是夸夸其谈、满怀希望、乐观积极还是极度悲观、垂头丧气甚至散播利空消息，都无法使股价违背常理地高于或低于由供求关系决定的价格范围。你必须学会顺势而行，而不能逆势而上。一定要能识别时机来临的信号，并牢牢抓住时机，不要去追赶大潮退去的回头浪。那些犹豫不决、在最后关头才迟迟买进或卖出的人注定会亏很多钱。

专家解读

股票市场经常流传这样一句话："会买的只不过是徒弟，会卖的才是师傅。"如果买点那么好把握，为什么人们都不知道该什么时候卖出呢？这句话可以理解为：

(1) 依据股票的走势，交易者基本能够确定买点；

(2) 持有仓位阶段甚至比买入的抉择更难；

(3) 比较好的买点相对比卖点要少；

(4) 对于单边做多的市场而言，当股票正处于上涨趋势时，基本上什么时间买进都是正确的，只有一种买进是错误的，那就是在最高点时买进。

综上所述，正如人们所说："会买的只不过是徒弟。"因为，对于一只大牛股而言，曾经持有过它的人实在是太多了，但是坚持到最后的却寥寥无几。

关于卖点，江恩认为：哪只股票谈论的人越多，你就越应该远离它。因为每个人都是根据自己手中持有的头寸方向来判定股票未来走向的。事实上，即使是最客观的交易者，也会因为自己手中头寸的比例而对个股有着不同的偏好。在本章的最后一个小节，江恩着重说明了自己判定行情改变的杀手锏——时机信号。这实际上就是江恩的周期概念，他认为时间才是最重要的卖出决断因素。

第六章　打败人性的弱点

伟人高度难企及，

并非一步能登天；

夜深同伴酣睡时，

辛勤攀登仍不辍。

——亨利·沃兹沃斯·朗费罗（Henry Wadsworth Longfellow），

《高度》（*Heights*）

人贵在有自知之明！人们常说，人类最大的学问就是对自身的研究。大多数人行事都是依据自己的经验，因此，我们要更加认真地分析自己犯错的原因，这比总结成功经验重要得多。不管在生意场上还是在股市，我们都不可能一夜之间成功。

快速的发展必然导致快速衰落。在股市上撞大运一夜暴富的人往往难以守住财富。俗话说"来得容易去得快"，要想取得成功并守住财富，就要历经多年的努力，不断从犯过的错误中吸取经验教训，打败自己的弱点。

投资者要想在股市上取得成功，就必须学会掌控自己。你可能觉得自己天生就懂做多或做空，也就是说，你要么总是期待股票上涨超过现有的涨幅，要么希望股票继续下跌。此时，你必须在交易中针对自己的弱点打个折扣，因为大多数时候你所谓的判断根本不是判断，只不过是你臆想得出的结果。我们要学会在常规状态下看待事物，无论利好还是利空，都不要把实际情况夸大。

有些人可能觉得自己很有勇气，总是充满希望，所以常常过度交易；

有些人则缺乏勇气，在时机到来时也不敢足量买进或卖出。要想学会交易，你必须克服这些弱点，这样才不会在走进股市时过分乐观或过分担心。一旦进入股市，你一定要准备充分，基于实际情况，经过深思熟虑后再买进和卖出。同时必须记住，你可能会犯错误，而防止自己做出错误判断的最好方法就是在交易时下一个止损单，这样你就不会不切实际地希望形势按照自己的愿望发展，或提心吊胆地害怕形势朝着对自己不利的方向发展了。因为这时你清楚自己的损失是有限的，即使亏了钱，也可以通过下一次交易赚的钱补回来。

专家解读

人性的弱点在江恩那个时代和我们如今并没有太大的差别。虽然人们的生活和过去相比有了明显的变化，但是人性却很难改变。江恩在本章所强调的是：交易者要在市场中控制自己的行为，克服自身的缺点，学会交易。而事实上，这一点很多人都难以做到。对于普通人而言，与其在克服自身缺点和自我控制中屡遭挫折，还不如对自己的长处加以发扬和放大，这样更加能令人振奋。交易者要想获得成功，就必须掌控自己，学会在常规状况下看待事物，无论是利空还是利好，都丝毫不要夸大实际情况。

第七章　投资者必备的基本素质

耐心

耐心是一种美德，在股市中尤其如此，我们应该尽量养成这种美德。你必须耐心地等待适当时机的到来，戒骄戒躁，避免操之过急。一旦买入或卖出一只行情对你有利的股票，你就得耐心持有，直到时机成熟才能进行交易。千万不要只因一点点利润就马上进行交易，也不要失去耐心而过早出场。不管是开始交易还是关闭交易，每次交易都一定要有合理的依据。你必须放弃内心的希望，打消内心的恐惧，因担心股票下跌就卖出，或希望股票上涨就买进，这样的行为都是无用的。看看你的股市行情图，分析一下走势再采取行动；如果不能确定明显的走势，那就继续耐心地等待。

勇气

勇气和耐心一样重要。事实上，勇气就是你的资本。在经验累积的过程中，我破产了四十多次，但即使亏光了所有的积蓄，我也从未失去勇气。多年前在初步尝试和研究股市预测方法时，我曾经选错入市的时机，导致赔光所有的流动资金。但是，我没有因此害怕、退缩，而是认真地研究自己所犯的错误和亏钱的原因，这样，我就能从每次的错误和损失中吸取经验教训，逐渐完善股市预测和交易的方法，最终获得了成功。

频繁地回顾只会让你悔恨遗憾。我总是相信，面对未来需要充满勇气和希望，但这种勇气和希望一定要建立在避免重复犯错这一稳妥的基础上。在我的职业生涯中，曾经看到过很多不断犯错，承受着巨大损失的交易者，他们手上还有一些运作资金，然而当新的好时机出现时，他们却缺乏行动的勇气。在这种情况下，勇气比资金更宝贵。

知识

在早期的职业生涯中，我取得过几次不错的成绩，那也许只能称作是走运，我轻松地赚了很多钱，又轻易地花光或者亏掉了。但是，我并没有因此而放弃，我始终认为，在每次挫折之后我都会大有长进，因为我积累了宝贵的经验。

经验是最好的老师，只有烧伤过的孩子才知道手指碰到火时有多痛。人难免犯错，犯了错没关系，它对我们是有好处的，只要我们能从中获益，错误就是有价值的。但是，同样的错误千万不可犯过两次，我们要将每一个错误都当成进步的阶梯，认真分析原因，这样才能避免在将来重复犯同样的错误。

通过每次或好或坏的经历，我积累了不少关于投资的知识，毕竟知识的力量是伟大的，财富总是要靠知识来获取。几年前，我的一笔经纪业务突然失败了，我亏空了所有的钱，对一般人来说我算是彻底破产了。然而，正如我的一个朋友所说："你可能没有钱，但是你所掌握的关于股市的知识价值数十万美元，你完全可以在短时间内把知识转换成现金。"的确，几个月后，我很快就用一小笔资金把钱赚了回来，因为通过多次成功或失败的经历，我已经掌握了一套以精确数学为基础的预测股市的方法。当这套方法表明我自己的判断正确的时候，我就有勇气低吸高抛和打压股市价格。试想，如果我仅有一腔热情，却没有丰富的知识，结果会怎么样呢？我就会像华尔街那些盲目地抱着不切实际的"希望"的人一样，继续处于破产的状态。

健康与专注

在任何领域，健康的体魄都是一个人成功的基础。在投资市场上，健康也是投资者赖以生存的无形资产。一个人在一年当中应该至少有两次暂停一切交易，彻底抛开股市，外出度假或休养一段时间。让大脑休息一下，你的思路会更加清晰。一个人如果持续不断地工作，而不注意休息，他的判断就会出现偏差，思维固化，容易片面地看待事物。

无论在股市上做多还是做空，你都会本能地期望股市行情能按照你的意愿发展，因此，你就会更加关注那些看似对你有利的事件。而如果远离股市，换个角度，你就能不带任何期望和恐惧，正确客观地看到事物本来的面目，从一个没有任何偏差的角度对股市做出判断。而那些没日没夜守着股市交易的人，迟早会亏掉他们所有的钱。

我认识一个交易员，他通过科学地预测市场取得了巨大的成功。他在一年中交易的次数不超过五次或者六次。如果他在冬天或早春买入股票等待上涨，而股价如他所愿地上扬了，他便卖出套利。然后，他会暂时离开股市一段时间，有时甚至长达几个月。到了夏天，如果出现牛市或熊市的迹象，他就会再次入市。如果股市走势与他的预测一致，他可能跟踪一段时间并低吸高抛几个月。当发现这一轮走势即将结束时，他就会把所有交易交割完毕，兑现所有利润，然后像大雁一样飞到阳光灿烂的南方。有时候他会在佛罗里达住上一整个冬天，在那里狩猎或钓鱼，然后到阿肯色州泡泡温泉。当他再次回到华尔街时，就会身体健康、精神抖擞，又能全身心地去分析研究新一轮的牛市和熊市行情了。

这位交易员总是对偏好的股票采取特殊的交易方式，并进行深入研究，同时密切关注那些他认为绝对可靠的信号。一旦这种信号出现，他就会马上采取行动。在时机到来之前，他从不急功近利，而只要时机一到，他便毫不犹豫地买进或卖出。他总是很冷静地等待着开始或结束交易的时机。

还有一件事他从来不做，即提前估算利润的多少和预测特定的时机。如果他做了一次可能不会成功的交易，他就会离开，并说："我想我应该回办公室观察一会儿了。"有时他会过好几天甚至好几个星期再做下一次交易，当他决定做这笔交易时，一定是因为有合理的理由，并且有90%的把握能赚到钱。试想一下，如果他在做第一笔交易时就想着所获得的回报能按自己的期望发展，那么他的判断就会出现偏差，就会更加不可靠。这个时候，最好的做法就是暂时离开股市，从一个公正客观的角度重新审视它。

这位交易员的经历告诉我们，如果你对走势不确定，就暂时离开，静观其变，边度假边等待最佳交易时机，当你再次出手时，一定能获得回报。

专家解读

江恩在其多本著作中都提到过耐心、勇气、知识、健康与专注。在江恩看来，这几项是投资者必备的基本素质。

耐心：作为交易者，一旦买入或卖出一只对自己有利的股票，就应该耐心持有，戒骄戒躁，切勿操之过急，要耐心地等待最佳交易时机的到来。

勇气：勇气是投资者入市的资本，它比资金更宝贵。当交易失败时，投资者不应轻易害怕、退缩，而应认真地研究自己所犯的错误和亏钱的原因，这样才能从损失中总结经验教训，逐渐完善股市预测和交易方法。

知识：无论交易成功或失败，投资者都应及时积累投资知识，毕竟知识的力量是伟大的，财富总要靠知识来获取。

健康与专注：健康的体魄是投资者成功的基础，也是投资者赖以生存的无形资产。投资者应该有选择地抛开股市，适时休息，让大脑休息一下，这样你的思路才会更加清晰，才能更加专注于下一次交易。

第二篇

怎样进行交易

最伟大的成就在开始时也只是一个梦想。橡子孕育着参天大树；雏鹰在蛋壳中蠢蠢欲动；在灵魂的顶峰，有一个刚刚苏醒、振翅欲飞的天使。理想是现实成功的萌芽。

——詹姆斯·艾伦（*James Allen*）

在股票交易开始之前，交易者一定要先制订一个明确的计划，然后按照计划行事，正如建筑师建造房子、工程师构架桥梁或挖掘隧道一样。

你的策略或计划要根据实际情况来制订，千万不要仅仅因为自己对股市的希望或恐惧心理而轻易去改变计划，否则你永远不会成功。

不要胡乱猜测，也不要相信什么秘诀。几乎没有什么内幕人士会泄露好消息。你做的每一笔交易都要有合理的依据，不要仅凭希望去交易。如果你持有一只股票的唯一理由是心存希望，那么你应该尽快卖出以避免损失。你要学会根据情况的变化与时俱进。

如果要运用一条规则，首先要弄清楚它是否实用，是否建立在合理的推理之上。回顾一下以往的记录，判断出这条规则是否适用。我所列举的最有价值的规则和提出的理论都已经得到了印证。但是，你也没必要全盘相信，而应该认真研究以往的记录并审视现实情况，最终自己找到满意的答案。

第八章　成功交易的 12 条规则

如果你不遵守规则，就不要进行投机和投资交易，否则你注定会失败。对于一条规则，要么严格地遵守它，要么完全不理睬它。以下 12 条规则你应当仔细研究，并在交易中充分利用。

规则 1：所需资市量

在不清楚一辆汽车百公里耗油多少的情况下，你肯定不会开车到几百公里外的地方去。然而，在做投机交易时，你可能会忽略的最重要的事情之一就是：究竟需要多少本金才能赚到钱，并且能在投机市场上做得风生水起。

不要想着在几个月或一年内就能发大财。如果一个人能在 10~20 年的时间里赚到一笔可观的财富，他就应该满足了。通常，一个智勇双全的人靠一小笔本金能在一年内赚到一些钱。我有能力通过连续投资在短时间内赚到一大笔钱，但是没把握一直持续下去。我想要教给你的是一套安全稳妥的方法，只要你保守经营，不要疯狂地下大赌注，就能通过我的方法赚到比其他任何生意都多的钱。

如果一个人在做一笔生意时亏掉了所有资金，那么可能要等到几年以后才有机会翻本。而在投机市场上，这样的机会几乎每年都有，只要你能认真研究并在它们出现时牢牢抓住。在华尔街，非同寻常的获利机会和无数的大好时机使很多人变得贪婪，他们往往在真正的机会到来之前就迫不及待地冒险豪赌。

人们总希望通过投机来获取比其他生意更多的利润。例如，一个人通过其他生意每年赚 25% 的利润可能就满足了，但是在华尔街，即使资本翻倍，他也不会感到满足。许多人从储蓄银行获得 4% 的利息就满足了，但是在华尔街，若投入 1000 美元，他们会希望在两三个星期内再赚到 1000 美元。他们买进时就盯着那 10 个点的利润，结果往往会亏钱。

在投机市场上，不要期待天上会掉馅饼。在一次大波动的顶部或底部入市，连续投资并赚一大笔钱，这样的大好机会几年才有一次。股价每年有两三次处于极高或极低水平，在这种情况下你就有机会赚取 10~40 个点的利润。

或许你认为平均每天半个点或平均每周 3 个点的利润太少，根本不值一提。但如果坚持 52 个星期，那就是 156 个点，即使只买 10 股也能在一年内赚到 1560 美元。我们要把投机交易当成一项事业，钻研进去耐心地经营，而不能像赌博似的拼命赌上几把，亏了钱就仓皇退出。投资一定要有耐心，如果你能在第一年就将 1000 美元翻一倍，并且连续十年都能如此翻倍，那么你就成为百万富翁了。

一些活跃的龙头股每年会有三四次 10~40 个点的大波动，如果你能抓住其中一半的机会，赚取的利润就相当多了。不要想着抓住所有的股价小变动，连业内的操盘手都抓不住其中的 1/10，何况是普通股民呢？

在涉入股市之初，你要了解的最重要的事情就是需要多少本金。很多股民认为大概留 10 个点的资金余量就够了，这真是大错特错。只留 10 个点的资金余量就开始交易，那是在赌博，根本不是在做安全的投机生意。我们应该像做其他实体事业一样使用本金，只有采取这种保守的方式，才能持续做下去。

如果要做每股 100 美元或更高的股票，每交易 100 股就要留有 5000 美元的资金余量；做单价高于 50 美元的股票，要留有 2500 美元的余量；做单价 25 美元左右的股票，就要留有 1500 美元的余量；做单价 10~15 美元的股票，也要留有 1000 美元的余量。这些资金余量不是用来防备股价朝着不利于你的方向波动 10~30 个点，而是用来进行大宗交易并准备垫上小额亏损的。每次交易你都应该把损失控制在 3 个点左右，最多不能超过 5 个点。

如果你在开始交易时只有 300 美元，那么在买卖股票的时候就要下一张 3 个点的止损单，这样你就可以用本金做 10 次交易。假设你做 5 次保守的交易都赔了，资金就亏了一半；但如果下次交易做得好，赚了 15 个点的利润，就能补回前面的亏损；或者你做 3 次交易，每次都能赚 5 个点，那么就能补平前面 5 次每次 3 个点的损失。

规则 2：控制风险

坚定的意志和充足的资金一样，都是投资必不可少的条件。如果没有坚定的意志力和决心通过止损单来保护每一次交易，那就不要去交易了，否则你肯定会赔钱。

我常听到有些股民说："如果我在某个点下了止损单，那么股市肯定会走到那里。"但后来他们发现，如果止损单帮他们控制住了风险，那就是莫大的好事。如果前面做错了，最好是赶快退出来，否则最终会血本无归，直到保证金的管理员将其清盘。

很多人都不知道应该怎样在交易时下止损单。止损单就是给经纪人的一张在股票达到设定价位时立即执行交易的订单。

你买入 100 股美国钢铁股票，每股售价 106 美元，你认为这笔交易的风险不能超过 2 个点，一旦它下跌到 104 美元，就要将其卖出。你没必要待在经纪人事务所里守着股票行情收报机，等到价格降到 104 美元时才让经纪人卖掉这 100 股股票。你只需在买进股票时给经纪人一张订单，上面这样写："股价降至 104 美元时卖出 100 股美国钢铁股票止损。G. T. C."

"G. T. C." 表示"未经取消则有效"。这样，一旦美国钢铁股跌到

104 美元，你的经纪人就会给你卖出 100 股。他卖出的价格或许是 104 美元，或许是 103.875 美元或 103.75 美元，总之当价格跌到这个点时，你的股票就会被卖出。经纪人不能保证严格按照止损单上限定的价格卖出你的股票，但他的确会在止损单上的价格一出现后便以最好的价格卖出。

假设你以 106 美元的单价卖出了美国钢铁股而不是买入，为了避免损失，你可以给经纪人下一张"股价升至 108 美元时买进 100 股止损。G.T.C."的止损单，一旦股票涨到这个价位，经纪人就会为你买进这只股票。

如果股价没有达到你限定的止损点，股市朝着对你有利的方向发展，那么必须在套利交割时取消止损单。当然，你也可以限定止损单的有效期为一天、一个星期或任何一段特定的时间，但最好是"未经取消则有效"，这样就不必再担心了。

规则 3：过度交易——最大的恶习

在华尔街，过度交易是造成重大损失的罪魁祸首。一般人并不知道需要多少本金才能获得成功，却总是过度地买进或卖出。这样他们就不得不在本金全部亏损后清盘，失去获利的机会。所以，你一定要在交易之前就弄清楚自己所能承担的损失，而不是之后。

坚持小量交易，要保守一些。千万不要过度交易，尤其是在股价长期处于顶部或底部时。亏损往往是交易者想要抓住一次波动最后的 3~5 个点时造成的。在股市处于顶部或底部时，要保持冷静，不要过于自信。仔细研究你的股市行情变化图，不要让你的判断受希望或恐惧心理的影响。

很多股民都是以 10 股为起点的，并在股价处于顶部或底部时开始交易而赚了些钱。之后，当股市走向极端时，他们便开始以 100 股的数量去交易，结果把利润和本金全都赔了进去。造成这一损失的原因就在于他们违背了最初帮助他们赚过钱的保守原则。

如果一笔交易在一开始就朝着与你的利益相反的方向发展，那么就说明你的判断有误。既然如此，为什么还要买进或卖出更多的股票来摊薄亏损呢？当形势越来越糟，各方面都在不断恶化时，为什么还要鲁莽地使之进一步恶化呢？趁着为时不晚，你应该赶紧止损。每个股民都要记住，在所有交易方法中，最糟糕的就是过度交易，其次是不下止损单，第三个致命的错误就是摊薄亏损。只要不犯这三种错误，你就能取得成功。我们要做的是把损失降到最低点，增加利润。只有在股市朝着有利于你的方向发展时，才能连续买进或者增加买进、卖出的数量，反之则不行。

记住，狂热、活跃的股市是由疯狂的炒作造成的，这种股市会让你产生天马行空的想象以及无尽的欲望，带走你所有的理智和逻辑思维。因此，在极端的股市行情中，你必须保持冷静的头脑。所有事物都有终结之时，时速60英里的列车一旦脱轨，酿成的惨祸远比时速5英里的火车严重得多。所以，当股市处于狂热失控的状态时，一定要在股灾到来之前就退出，因为一旦股市崩盘，再想全身而退就不太可能了。当所有人都想抛售却没人想买进时，利润很快就会被亏掉。

从1919年的大牛市中可以明显地看到，大家都疯狂地做多，却看不到上涨至最高点时会出现什么情况。在那次牛市中，每个人都看好行情，都在疯狂地买进，没有人敢做空，那是有史以来最激进的股市之一。结果呢？在11月初"泡沫破裂"股价开始回落时，有些股票在两个星期内就下跌了50~60个点，这一年股市在上涨过程中产生的所有利润在10天之内就全都化为了泡影。那些只想等待股价触底反弹时再退出的人，完全没有机会去补救了。因为大家都在尽力退出，股价越跌，被迫抛售的人就越多。结果股价越跌越低，股市陷入了低迷状态。

规则 4：永远不要让盈利转为亏损

除了过度交易之外，更多的人破产是因为违背了"永远不要让盈利转为亏损"这条规则。如果你买入或卖出一只股票只能获利 3 ~ 4 个点，那么有什么理由把更多的资金投入到这只股票中呢？下一张止损单，在盈亏平衡或稍有盈余时就退出，这样你就可以稳赚不赔了。如果交易继续朝着有利于你的方向发展，你还可以用止损单继续跟进。

往往人们买进或卖出一只股票，当它具有良好利润表现时，他们就会很"贪婪"，总希望赚更多的钱，于是满怀希望地持仓观望，等到最后利润都变成了亏损。这是一种非常糟糕的做法，这样做的人很难取得成功。你一定要想尽一切办法保住自己的资本。

规则 5：不要逆势而为

赚钱的正确方法是先判断形势并跟着形势走。如果处在熊市，长期趋势下跌，最安全的做法就是等待股市反弹时做空而不是做多。如果处在一个大熊市，股价暴跌 50 ~ 200 个点，这样一路往下跌，你不做空就可能错失几次触底的机会，直到最后亏掉所有的钱。

这一规则同样适用于牛市。在不断上扬的股市中，永远都不要做空，等待反转下跌再买进比试图等到顶部时做空要好。只有顺势而行才能赚到更多的钱，逆势而为是不行的。

无论是投资者还是交易员，至关重要的就是要以平常心接受亏损的事实，并尽快调整好状态。当发现自己的错误时，还用更多的资金余量来支撑、心存侥幸地持仓等待是毫无意义的。如果能迅速地接受小额亏损并及时退出，你的判断就会准确得多，也就能发现再次入市赚钱的机会。

规则6：有疑虑时就退出

当你买入或卖出一只股票，它却没有马上或在一段合理的时间内按照有利于你的方向发展，那就不要再做了。你持有这只股票越久，越希望股市按照你的意愿发展，你的判断力就会越差，导致最后做出错误的决断。比起心存侥幸地持股观望导致遭受10~50个点的损失，在一开始就接受2个、3个或5个点的损失要好得多。

若股票开始按照有利于你的方向发展，就不会停止上涨或下跌的趋势。要牢记吉姆·吉恩（Jim Keene）说过的一句话："如果股票没有按照你的期望发展，你就必须顺着它的走势行动。"交易者始终要跟着潮流走，而不能逆势而为。如果你站在铁轨上，看到一辆火车以60英里的时速向你驶来，你是希望火车马上停下来，还是希望你能把它撞飞呢？当然都不是，你肯定会马上从铁轨上跳开。在股市上，你也应该这样做——退出，让它从你身边掠过；或者飞身上去，乘着它向前飞驰。

规则7：选择活跃的股票进行交易

你始终都要把自己的交易限定在纽约证券交易所那些规范的、活跃的股票上。虽然其他股票也有突飞猛涨的时候，但只有这些活跃的领头股才能给你带来更多、更长远的利润。在纽约证券交易所，总是买卖兴隆，只要你愿意，随时都可以入市和退出。而90%的未上市股和场外证券迟早都会销声匿迹，所以不要理会那些零散、不入流、隐藏着危险的股票。

同一领域的股票不会长时间地一直当领头股。国内经济形势的变化会使某类股票领涨一段时间，随之渐渐落后，这时就会有其他类型的股票充当股民们的新宠和领头股。

不同领域股票中的个股也是这样。一般而言，一只长期受追捧的领头股会有 5 ~ 10 年的活跃期，过了这段时间，这只股票就会转到投资者手里，变得不那么活跃了，而投资者不会每天都买进卖出，其波动幅度也就变得很窄。投资者们会长期持股，直到有了合理的理由或变得恐慌才开始卖出，这时，以前的领头股就会在清算结束之前，在持续下跌的情况下再次活跃起来。

当然，要想赚大钱，最好是选择波动幅度大的股票进行交易。因此，你要一直关注那些新出现的领头股，因为它们会有更多机会赚大钱。你只有保持信息灵通，跟踪新上市股票的行情，观察它们的走势，才能看准新的活跃的领头股，并放弃那些旧的、不活跃的领头股。如果你懂得怎样快速交易，就可以利用股价的涨落赚大钱，而不是靠股息。正因如此，选择那些波动幅度大的活跃股交易才有价值。如果你在做这类股票时亏了钱，那么很快又可以从中赚回来，因为机会将频繁出现。

规则 8：均摊风险

有句老话说："不要把所有鸡蛋都放在同一个篮子里。"在股市中，这是一条非常实用的规则。如果可能，你应该选择四五只不同类型的股票，每只股票买卖的数量保持一致。

将资金合理地分配后，你就可以进行七八次交易。假设你有 5000 美元，选择一只股票交易 100 股，并把风险控制在 3 ~ 5 个点内，这样即使连续亏损五六次也还有资金运作。通过利润滚动，一次大的获利可以填平四五次小亏损。但是，如果几次亏损都比较大，而赚的利润很少，那么你最后就没有获利的机会了。

换一种方式，如果你只交易 50 股，均摊在 5 只不同的股票，每只 10 股，并根据这些股票的实际表现，在距现价 3 ~ 5 个点的价位处下止损单。这些股票中可能会有两个达到止损价位从而对你不利，但其他三只股票可能不会。这样，你还可以持有一部分股票，如果这些股票按照你的期望发展，就能填平其他股票亏的钱，甚至还能赚。

如果你入市的时机正确，从以往的记录来看，交易五只股票都达到止损点的情况几乎没有发生过。与在一两只快速变化的活跃股中交易相比，用均摊风险的方法交易可能不会获得高额利润，但却安全得多。我的宗旨是：安全交易，自我保护，尽力减少损失，将利润最大化。

规则 9：确定买卖的价位或点位

大多数人在买进或卖出股票时，都有预先设定获利数额的习惯。他们这样做并非出于某种原因，只不过是期望心理使然的一种坏习惯。交易的目的是获取利润，但是，事先你并不知道一只特定股票能获利多少。只有股市本身才能决定你的利润大小，你要做的就是做好在走势变化时套利退出的准备，而不是在走势变化前就退出。记住，股市不会因为你期望价位达到某个水平就取悦你。

很多股民都因为死死地将价格限定在他们打算卖出的点位而损失了很多利润。有时，股价在涨到离他们的目标售价只差 2 ~ 4 个点时就开始下跌，但他们仍然心存侥幸地持仓观望。仅仅因为实际股价达不到他们期望的价格，最后失去了所有利润，甚至遭受亏损。然而，这些股民还不肯承认股市行情已经发生了变化。在股市上，执意按照期望进行操作很可能会破产。要想赚钱，你必须面对现实，虽然现实经常是冷酷无情、与你的期望相悖的，但你必须接受它们，这样才能保住自身利益。

每当遇到牛市或熊市行情时，人们都会在心中给股价设定一个预期的最高点或最低点，报纸上也会说某些热门股票将涨到 100 点、125 点、150 点甚至 175 点，每个人都觉得股票会涨到这些价位，而这些"预期"价位却无法实现。

　　这里有一个典型的例子：1909 年秋，股票牛市行情最高涨的时候，美国钢铁普通股上涨到约 90 点，报纸上便开始讨论"可爱的钢铁股"可能会涨到 100 点，而大家也都认为它一定会涨到 100 点，并把 100 点当做套利卖出的点位。我却预测它最高只能涨到 94.875 点，所以当股价达到这一点时，我就卖出了。而那些满怀希望的人还在持仓等待，最后都亏了钱，因为美国钢铁股最后跌到了 38 点。几年之后，当这只股票达到 100 点时，却已经是买入点位而不是卖出点位了，因为这只股票之后很快就涨到了 129.75 点。

　　总是想等到股价达到最高点或最低点才出手的人往往会亏得血本无归。你并不一定要在最低价时买进、在最高价时卖出，只要看看活跃的领头股就会发现，这些股票每隔几年就会在顶部和底部之间波动几次，幅度有 50～150 个点。因此，只要在股票高于底部 10 个点时买进，在距离顶部 10 个点时卖出，自然就能赚到不少钱。

　　千万不要以为你能坚持持仓到股票朝着有利方向发展的时候，这纯粹是一种毫无逻辑的固执想法。一旦感到困惑，你就要马上退出，不要犹豫，拖拖拉拉是危险的。你要像业内人士一样行事：当得不到想要的东西时，就接受可以得到的；如果股市不接受你想卖的股票，就卖出股市能接受的；如果股市不按你的期望发展，就去顺应股市的行情操作。明智的人会灵活变通，而愚蠢的人则固执己见。

规则 10：套利的时机

　　不要看到一点点利润就马上套利交割，当行情有利时就应该坚持持有。当受到利润的诱惑时，你应先问自己几个问题："我需要这笔钱吗？""这波行情结束了吗？""我现在必须卖出吗？""我为什么要套利呢？"

　　先看看你的行情变化图，再根据它的提示去做。如果行情变化图没有显示出趋势有什么变化，就先等待一段时间。交易者要时刻用止损单来保护自己已有的利润，但不要过早套利。过早套利和过晚"割肉"一样糟糕。当形势有利时耐心等待，形势不利时就快点退出，这样就能避免损失，并取得成功。

规则 11：累积盈余

在增加交易量之前，必须将盈余资金累积起来。不要闲置利润，只有外行人才会把赚到的利润闲置起来。如果风险太大，就先不要交易，等到可以买进或卖出的时候再交易，并在距离当前点位 3~5 个点的地方下止损单。在明知可以预防的情况下还亏损，简直就是财务自杀。

如果没有取得利润，就不要急于增加交易量。每个重要的商家都会努力地创造盈余，也会自豪地公布盈余。没有哪个企业在运营时没有亏损过。投机商或投资者应该预料到亏损，因此必须创造盈余以备补偿亏损，并让交易继续下去。

在非常活跃的股市中，如果你在做高价位的股票，在两天的连续震荡后"割肉"一般不会造成太大的损失。如果股票走势连续两天都对你不利，那么这种情况可能会愈演愈烈。这时，你就要从盈余中扣除亏损，而不要动用本金，然后耐心地等待下一个时机的到来。

规则 12：不要为分红而买进

很多人常犯的一个错误是，总想买进带分红的股票。千万不要只看重股票的分红就买进，也不要因为没有分红就卖出。人们经常因为持续大量的分红而持有股票，结果他们本金的半数甚至更多都亏掉了，这样一来分红也就相应地被削减了。要注意保护你的本金，而不要只盯着分红。交易的目标是获得利润点，而不是分红，股市波动产生的利润要比分红多得多，你还能从中看出股票何时会因上涨或下跌而吸筹或派发。

如果一只股票售价很低，或者与其承诺的分红不相称，那就很可能有问题，这种情况下做空要比做多好。如果一只股票的售价很高，却不带分红，则一定有其原因，这时你就不应该做空，因为很可能这只股票即将分红，或者正处于强势，否则它不会卖那么高的价格。

股市对股票的运作会使其价格高于或低于实际价值，但最终决定股价的是供求关系，股票的价值也取决于此。后面的章节我会教大家如何根据供求关系判断买进和卖出的时机。

红利（dividend）的意思是平分的利润或盈利，但往往当你买进场外证券或蕴藏危险的股票时，这个词就变成了"divy"，意思是把你的本金分摊给别人，最后亏得血本无归。

专家解读

江恩认为，在股市交易中必须遵循一定的交易规则，否则注定会失败。

在这12条规则中，"控制风险"和"过度交易"我认为是交易者最容易犯的错误。很多人在交易时不知道控制自己的风险，不知道损失多少会对自己的生活造成影响；或者，在买进的时候虽然知道在哪止损，但是到了止损价位却出于各种原因不能执行，导致越陷越深。对于一般交易者来说，只要能处理好上述这两点，基本上就可以在市场上立于不败之地了，就算赔钱也是有限度地亏损，而不至于倾家荡产。在剩下的几条规则中，"选择活跃的股票进行交易"是一切交易的前提。这一条规则我认为应该往前排，否则容易被人遗忘。

"均摊风险"这一条规则从交易的出发点来讲是对的，但对急于快速致富的交易者则不适用。迄今为止，大家对"不要把鸡蛋放在同一个篮子里"这一说法众说纷纭。我认为，对于基金经理而言，显然需要稳健的交易策略，因此分仓是正确的；而对于普通交易者而言，由于资金没有达到一定级别，分仓很大程度上会在均摊风险的同时均摊了利润。如果个人资金量没有达到一定的级别，比如低于 50 万元人民币，那么就没有必要分仓，以免影响增值速度。当然，左侧右侧不同的交易方法决定不同的仓位策略。另外，江恩在本章中所讲的套利时机，意在提醒交易者，卖出获利之时应该看的是趋势有无发生改变，而不是自己赚了多少钱。

对于"累积盈余"和"不要为分红而买进"这两条规则。我想 A 股的交易者大多数都不用为后者操心，因为我国上市公司的分红基本上不在考虑之列，对股价的整体走势影响可以忽略不计。而对于前者，我有深切体会，当有了盈利以后，一定要去除一部分，比如每次盈利的 10%，让自己亲身体验一下赚钱的快乐，买点东西奖励一下自己，这些都能有效地激发自己在股市中搏杀的勇气。

第九章 运作方法

在学会以上成功交易的 12 条规则后，接下来就有必要确定买进和卖出的最佳运作方法。所有这些方法都能帮你克服弱点，获取更大的成功。

买断

很多人认为，股市唯一安全稳妥的赚钱方法就是买断。这是一个荒唐的错误，它让很多交易者最后损失惨重。研究一下以往的行情记录，你就会发现我的说法是有据可循的。只要回顾一下过去四五十年间出现的大衰退就可以证明，这样做会亏光你买断时的所有资金。也就是说，股票不仅会贬值为零，而且还需要对其进行重新评估。

你可能听很多人说过："我完全掌控着我的股票，没什么可担心的。"其实他们才是真正需要担心的人，因为每年都有股票消失或被重新评估。他们怎么知道自己持有的就是一只安全的绩优股呢？

当前，在纽约证券交易所上市的股票大约有 700 只。从现在起 5 到 10 年内，情况会有很大改变，其中 25% 以上的股票将会变得一文不值，或者跌到让买断持有它们的人破产。

你必须掌握比买断更好的自我保护方法，以此来赚钱。这种方法要像保守的保证金交易那么安全。只要你懂得在正确的时机买入或卖出正确的股票，就能赚到更多的钱。

在 1919 年秋的经济鼎盛时期，许多股票在 9 个月内从 25 点持续上涨到了 100 多个点。也许有人在距离顶部 20~50 点时买断了其中一只股票，并且在1920年到1921年的下跌过程中一直持有。结果所有股票无一例外全部下跌，有的甚至狂跌了100～180个点。所有股票都遭受了巨大的损失，其中许多股票再也不能以1919年所达到的价格卖出了。

那些在1919年卖空，并在1920年和1921年夏天之前就做空的人赚到了钱。表9-1列出一些股票在1919年的峰值和1921年的谷值。从这些价格中可以看到那些买断股票还感觉自己很安全的人到底发生了什么事。

表9-1　股票1919年峰值与1921年谷值对比

股票名称	1919年峰值	1921年谷值	下跌点数
美国毛纺（American Woolen）	169.5	55.5	114
美国国际（Am. Intern'l）	132.25	21.25	111
大西洋湾（Atlantic Gulf W. I）	192.25	18	174.25
克鲁赛波钢铁（Crucible Steel）	278.5	49	229.5
通用沥青（General Asphalt）	160	32.5	127.5
凯利泉界（Kelly Springfield）	164	25.5	138.5
墨西哥保险箱（Mexican Pete）	264	84.5	179.5
共和钢铁（Republic Steel）	145	41.125	103.875
斯图特贝克（Studebaker）	151	37.75	113.25
泛大陆石油（Transcontinental Oil）	62.625	5.625	57
美国食品（U. S. Food）	91.375	2.375	89
美国橡胶（U. S. Rubber）	143.75	40.5	103.25

上述大多数个股即使从顶部下跌25～50个点都还会分红，这对于很多通过保证金或买断方式买入的人很有吸引力。但是，当这些股票的本金缩水50%～75%时，还有多少人有勇气继续持有呢？几乎没有，如果还那样做就太愚蠢了。

还有一点可以证明要保护资本就必须下止损单，因为一旦股票走势开始对你不利，就完全有可能一直不利，直到花完你的保证金、耗尽你的耐心为止，导致你在本来应该买进的时候却错误地卖出。

我并不是把 1919 年的牛市和 1920 年、1921 年的熊市当作特殊情况来举例，因为它们并不特殊。在 1857 年、1873 年、1893 年、1896 年、1903 年、1904 年、1907 年、1910 年、1914 年和 1917 年都出现过类似的狂跌，这种情况肯定还会再次出现。所以，一定要在熊市时就做空，在牛市时就做多。

千万不要忘记这样一个事实：股票走势一旦开始对你不利，就会持续很长一段时间。那些在接近顶部时买断并认为安全的人，和那些在接近底部时做空并认为留 50 个点的余量就足够的人，很可能会损失惨重。

或许你认为在恐慌的年份，在股价接近底部时买断是最安全和最正确的。我的答案是，在恐慌时的底部用保证金买入同样安全，而且还能赚更多的钱，因为这样可以同时运作很多股票。我在后面的章节中会教大家如何判断股票何时会达到顶部或底部。

做空

我并不认为做空是最好的方法。下面我将通过过去 30 年无可争议的股市行情记录来证明这一点。

很多人虽然在股市摸爬滚打了多年，却好像从来没有意识到股市具有两面性。我经常听到有人在股市狂跌的时候说："我不能卖空。"总是做多的人永远不会成功，总是做空的人也好不了多少。要想在股市上赚钱，就不要被情绪左右。你的目的应该是获取利润，所以不管是买进还是卖出，都不要太纠结于获利的方式，遇到熊市就做空，遇到牛市就做多，这才是成功之道。

如果你在股市上只做多，那么比起既做空又做多的风险要高出 50%。在熊市或萧条时期做多会有什么获利机会呢？有的人可能会在股市突然下跌到接近底部时买进，但是，如果不迅速套利的话，很快就会亏钱。而做空的人若每次反弹的时候就卖空，先填平之前下跌时的亏损，然后在下次反弹的时候再次卖出，就能获得大量利润。原因在于，这是顺势而行的做法，这一点交易者应该时刻谨记。

要多研究股市行情变化图，并确信只要时机正确，做空和做多同样能挣到钱。一定要有坚定的决心，如果想赚大钱，就要耐心等到时机成熟时做空。

朋友、经纪人和报纸一般都会警告你做空很危险，可能会遇到"垄断高抛"。事实上，股市出现垄断高抛的概率是千分之一。过去30年中出现过两次重大的垄断高抛：1901年，北太平洋（Northern Pacific）股就被垄断过，当时它的单价从150美元暴涨到了1000美元；1920年斯图兹汽车（Stutz Motors）股也被垄断过，其单价从200美元左右上涨到了700美元左右。

股票是用来卖的，内部人士在股价接近顶部的时候就会尽快卖出，只要按照他们的做法来做，就会安全得多。用大盘股来卖空是很安全的，因为其流通股的供应数量很大，不可能被垄断。

报纸上刊登的都是内部人士想让你知道的消息，而不是你需要的消息。看看报纸上写了些什么，当股价下跌且到了买入时机时，报纸绝不会告诉你任何好时机即将到来的消息；如果股价达到顶部，且内部人士想把自己以底价买入的股票卖出时，报纸就会大肆宣扬分红、额外股息、红利、权益以及大赚特赚等，而不会告诉你其实你捡到的是"破烂""垃圾"，而不是股票的权益。

聪明的人不会奢望天下有免费的午餐，只有傻瓜才会期望自己的对手——那些在内部操纵游戏的知情人会告诉他们正确的做法。

经纪人总是认为在股票处于顶部时应当做多，在股票处于底部时应该做空。普通的经纪人对股市的认识并不比你多，他们也说不出要这样做的原因。他们的工作就是通过买进和卖出股票来获取佣金，这是他们赚钱的方式，而精明的经纪人甚至可以把你所有的钱都变成自己的。他们的工作很混乱，因为他们听到了太多股市上两方面的消息，这使得他们的判断不怎么准确。

1920 年 12 月，当日成交量达到两百万股，股价仍在狂跌时，所有报纸都在谈论强力货币、信贷冻结、生意萧条、失业、购买力下降、人们买不起奢侈品和汽车等。当时，斯图特贝克的股票的售价是 37.75 美元，处于底部；随后这只股票稳步上涨，直到上涨至 100 多美元才受到关注。

几个月后，报纸每隔几天就大肆宣扬斯图特贝克股的高收入，华尔街充斥着这只股票将要突破 175 美元甚至 200 美元的传言。为什么报纸要在斯图特贝克股上涨了近 100 点后，才把这个好消息告诉不明内情的人呢？如果这只股票在 1923 年下半年或 1924 年时再跌到 50 美元或 60 美元，那么又该对那些以当前价位买入这只股票的冤大头们说些什么呢？我认为，以当前价位卖出斯图特贝克股并支付下一年股息的做法，比买入这只股票牟取红利更能赚到钱。这种做法对于其他股票也同样适用。

金字塔式的利润积累

很多股民在牛市的底部就开始保守地交易，并累积了大量利润。最后在接近顶部时，由于金字塔式的积累太多太快，结果当走势发生变化时，他们就会因为持仓过重而被套牢，从而将前面赚到的全部利润甚至部分本金都亏掉。这一惨痛的教训让我明白了安全胜于悔恨。在投机生意中，一定要把"安全第一"当成座右铭。

在股市交易中，第一次交易的风险应该是最大的。假设你在第一次交易中冒了 5 个点的风险，一旦发生亏损就会把所有本金都赔进去。假设这只股票朝着有利于你的方向走了 5 个点，你就可以再次买进，并在距离当前价位 5 个点处下一张止损单，即使这次交易亏了，你也只损失了 5 个点，因为算上第一次交易的利润就扯平了。

金字塔式的交易能否成功，完全取决于你选择入市的时间——要么在行情开始上涨时从接近底部的价位开始交易，要么在行情开始下跌时从接近顶部的价位开始交易。对于活跃的股票，一般来说，在每次上涨或下跌10个点时做一次金字塔式的交易是比较安全的，但是要逐渐减少交易额，而不能增加交易额。

假设你第一次交易了100股，股市上涨了10个点；然后又买进50股，它又涨了10个点；再买进30股，它又涨了10个点；接着又买进20股，它又涨了10个点；然后继续买进10股。此后，股市每上涨10个点，你就买进10股。通过这种方法，再用上止损单跟进，你的利润就会越来越多，而风险则越来越低。虽然最后一次交易可能因为止损单的方式有3~5个点的损失，但是其他交易可以赚到的利润足以弥补这次损失。在股票走出吸筹或派发区域以后，金字塔式的交易往往更安全。

交易中，你要么严格遵循一条规则，要么就完全不要相信它。有一点不能忽视，每当股票向有利于你的方向走了5~10个点后，它继续这种走势的可能性就会降低。当然，这并不是绝对的，但也不要忽略这种可能性。

按比例买进和卖出

许多投资商和交易者都认为，按比例增加或减少买进或卖出的数量是唯一的成功交易的方法。我从来没看到过有什么比例交易法能长期战胜股市。有人问拉塞尔·赛奇（Russell Sage）是否相信按比例买进的方法，他说只有三个人有足够的钱按比例买进，他们是安德鲁·卡内基（Andrew Carnegie）、摩根（Morgan）和约翰·洛克菲勒（John Rockefeller）。但他们最多也只是想想，而不会真的这样做。

如果在股市不利时还继续买进，那么按比例交易的方法也没什么作用，反而会增加风险。在第一次交易中如果股市开始对你不利，而你的判断可能出错时，你要做的就是尽快退出，不要继续买进或卖出。我的金字塔交易经验表明，当股市向有利于你的方向发展时，额外风险也会随之而来。如果正在盈利，那么增加买进或卖出量都没关系；但如果你想摊薄风险，却会适得其反，损失会越积越多，这个严重的错误迟早会亏光你所有的本金。

股票套头交易

有些股民买进某类股票中的一只股票，当走势开始对他们不利时，他们会认为通过对另一类股票进行套头交易或卖空可以填平亏损。但这样做很难奏效，最好的做法是在不利的交易中快速割肉，并开始一笔新的交易。

曾经有过这样的事例，铁路股和工业股先分家后又合为一体，但这样的变化需要很长一段时间。

1919 年 11 月，当 20 种工业股的平均售价为 119 美元时，道琼斯的 20 种铁路股售价仅为 82 美元，也就是说，工业股比铁路股高出 37 个点。我当时预测，工业股的价格在两年之内就会低于铁路股，结果确实如此。在 1921 年 8 月，铁路股的售价是 70 美元，而工业股跌到了 66 美元，这时铁路股比工业股高出了 4 个点，换种说法，在 21 个月内，铁路股与工业股的益处较量变化程度达到了 41 个点。

当然，在 1919 年的顶部让以高价卖空工业股并买进铁路股的股民都可以赚到钱，但这并不是可靠的方法，因为铁路股下跌了 18 个点，而工业股下跌了 55 个点。

因此，正确的交易方法应该是一旦走势下滑就做空工业股，但不要做任何形势的套头交易。要想获得成功，跟着股市的趋势走是你要恪守的最基本原则。如果不能判断明确的走势，就先退出，直到你能正确判断为止。只要你能正确地判断出股市行情，就一定能赚大钱。

不遵守规则的后果

股市的长期震荡周期平均是两年，也就是约600个交易日。如果你总是站在股市行情收报机前盯着行情的变化，那么在两年内你就会改变主意高达1200次，其中90%是错误的，因为你肯定不是根据合理的理由来改变主意的，而仅仅是因为几小时或几天的小波动。这些小波动所改变的只是股市行情的表象而已，而时刻守着收报机的人却会信以为真。

每次改变主意和仓位都会增加亏损的概率，因为你得支付税金、利息和佣金。如果一入市就错了，股市行情收报机就会让你一直错下去，因为它每隔几小时或几天就会显示一些小行情让你希望重生，继续错误的做法。另外，如果你入市时是对的，却天天守着收报机，那么一些毫无意义的小波动也会让你退出，从而失去赚钱的机会。因此，你必须意识到，如果总是盯着股市行情收报机，不断地改变主意并且90%的时间都在犯错的话，就没什么机会赚钱了。

股市大盘变幻莫测，很多人都会被表象蒙蔽，因为人们总是会受到希望和恐惧情绪的影响。他们恐慌时就卖出，有希望时就买进，总是在接近顶部时入市或在接近底部时退出。而那些按照周密计划交易的人，则在别人都卖出的时候买进，在别人都买进的时候卖出。打败你的不是股市，而是你自己，因为你总是没有意识到自己的弱点，听信水平还不如你的人的意见，看报纸上的言论，相信华尔街上的流言蜚语，结果这些东西都在给你错误的指引。

普通的交易者一到华尔街就开始到处打探消息。他们会问擦鞋的人："你认为股市怎么样？"也会咨询酒店服务员、办公室的勤杂工、自己的经纪人、朋友和经纪人办事处里的陌生人等。我保守估计，一个普通散户每天要向10到12个人咨询意见，而其中大部分人也不过是在猜测，他们懂的并不一定比问询者多。如果这些人的意见与问询者的一致，问询者就会自认为这是条好消息，并据此行动，结果当然会亏钱。而如果有半数人与问询者意见不符，他可能就不会按照自己的判断行事，可事后发现自己原来的判断才是正确的。他就会对自己说："如果我按原来的计划买进了，就会赚钱，但当时我跟经纪人和那些家伙说出我的想法时，他们都觉得我是错的。"

"聪明人会灵活变通，而傻瓜则不会。"聪明人还会在调查之后再做决定，而傻瓜则凭空做决定。对股票的看法一成不变的人，不管做多还是做空，都别想赚到钱。我们要保持思路开阔，一旦有了充分的理由就适时变通并快速行动。在华尔街，不会变通的人也就注意不到行情的任何变化。

我认识华尔街的一位老年交易者，年纪大概八十多岁。他一辈子攒下了一些小财，其中利润较大的几笔都是在股票猛涨 50 ~ 100 点时赚到的。但是，后来由于他总是希望每次都快速赚取 50 ~ 100 个点的利润，最后却把赚到的钱全都亏掉了。

在 1915 年以前，这位老年交易者一直穷困潦倒。第一次世界大战后经济开始繁荣，他赚到了几百美金的资本，并开始买入股票，做着金字塔式的交易。他在恰当的时机买入了正确的股票，也就是说，他在接近底部时买进后，股票就开始上涨，他便开始以金字塔式的方法进行交易。他以不到 50 美元的价格买到了鲍德温（Baldwin）股，以不到 40 美元的价格买到了克鲁赛波钢铁股，以不到 50 美元的价格买到了伯利恒钢铁（Beth. Steel）股，以不到 60 美元的价格买到了斯图特贝克股。他太幸运了，是一名名副其实的"战争的宠儿"。

刚开始他只偶尔进行零星的交易，在 1915 年秋股市达到顶部时，他手上持有的股票已经有几千股，光是交给经纪人管理的股票价值就有 20 多万美元。我对他说："现在是时候把你的纸面利润兑换成现金了。"当时，他若卖掉鲍德温股可以获利 100 点，若卖掉克鲁赛波钢铁股也可以获利 100 余点，若卖掉伯利恒钢铁股更是可以获利几百点。但是，他当时满心希望，乐观地认为大家都疯狂了，甚至觉得所有上市股票都会像伯利恒钢铁股一样上涨到 700 美元。

我还记得 1915 年 10 月的某一天，鲍德温股上涨到了 154 美元，已经到达了顶部，整个股市变得极度疯狂和兴奋。我对他说："现在你应该把你所有的股票都兑现，或者用止损单来保护你的利润。"他却说："股票还没开始正式上涨呢。"并且又给了我一张买进 500 股鲍德温股的买单，还说："我要等到鲍德温股上涨到 250 美元左右再卖，150 美元我可不卖。"当天下午，鲍德温股就跌到了 130 美元，他持有的其他股票也都相应下跌了，但他还是继续持有这些股票并且满怀希望。股票继续下跌，几个月后，鲍德温股跌回到了 100 美元，他被迫卖出了他的那些股票，而他的利润也从 20 万美元降至不到 1 万美元。

现在我们来看看他到底错在哪里呢？这个人在恰当的时机抓住了机会，一开始少量买进是没错的，然后进行金字塔式的交易也没有错；但他错就错在没有在正确的时机退出。写在纸上的利润不能算是真正的利润，利润一定要兑换成现金。这个人拒绝正视市场的变化，他太乐观了，不相信 20～30 点的猛跌说明了行情已经发生了巨大的变化，至少在当时他一下子不敢相信。如果他用止损单来保护已经赚到的利润，那么他大部分的钱就能保住了。但如果他仍然抱着期望继续持有，甚至还在顶部时买进，那么他一定会亏掉很多钱。

在赚到钱又赔了之后，这个人在 1917 年又变回了穷光蛋，再也没能赚回那些钱，因为他年纪太大了，而且还是过分期待。直至今天，他还会听从经纪人办事处里任何一位职员的建议，或者说，如果经纪人办事处里的任何人告诉他有一只股票将狂涨 100 个点，他也会相信。为什么呢？因为他总是希望再以一只将狂涨 100 点或更多的股票入市，然后通过金字塔式的交易来大赚一笔。如果你告诉他有一只股票肯定会上涨 5 点或 10 点，他根本就不会理你。他对 5 至 10 个点的利润没兴趣，只想做有100 点利润的股票。

有的人从来都不吸取教训。这个人从美国南北战争之前就开始做股票交易了，但他却没有从五十多年的经历中意识到，股价在几个月内狂涨50到100多个点的异常股市行情，一辈子也只能遇上三四次。而他却期待这样的行情每年都有。实际上，他本应从自身经历中看到，这种事情20年也难得遇上一回。他没有意识到，大多数情况下股市都是正常的，只会按照正常的方式波动。所以说，他从没有总结原因，也懒于思考，经常抱着不切实际的希望，结果当然总是亏钱。

你必须要知道，在正常的股市只能获取正常的利润，在股市反常时才能试着获取反常的利润。但无论交易是否有利可图，都要用上止损单，并时刻准备根据行情的变化灵活变通。

专家解读

我相信江恩在讲解具体的股市操作方法时，一定有着深刻的切身体会。全仓买进，这是第一个致命的错误，一旦出错就会损失惨重。这里需要说明一下，美国的证券交易所和我国的不同，他们要求交易者要在账户中放入一定数量的保证金，然后采用杠杆交易，类似国内期货的现行交易方法。另外，美国证券交易所的退市机制很完善，好的股票能涨到天上，垃圾股就直接摘牌，所以江恩才会说5到10年内会有四分之一的股票变得一文不值。然而，A股市场独有的稀缺壳资源让垃圾股退市成为了一道无法解决的难题，这让A股市场的交易者误认为股票根本不可能退市，甚至出现了专门炒ST股票的专业户，并且收益不菲。

当然，拿一个只有二三十年历史的证券市场和数百年的市场来比较，有失公允。但是，我们目前所处的环境确实如此，交易者应该极力适应。江恩给出的原则可以称为"永不满仓"。我就遇到过一位从不赔钱的老太太，她讲自己的赚钱秘诀就是"补仓"。她总是不满仓，手里永远有资金用于补仓，再加上A股市场特有的不退市机制，这样迟早会赚钱。但是，如果这位老太太将这一策略运用于美国股市，肯定会赔光钱财。关于这一点，非常值得大家探讨，当你遇到一个千载难逢的赚钱机会时你能只买进三分之一，或者一半，甚至忍住满仓的冲动吗？所以，学会自我控制，克制才是关键。

至于做空，我们可以忽略。也许随着 A 股市场的逐步完善，做空机制、方式和品种也会逐步丰盈。历史上鲜少听闻靠做空赚大钱的，具体原因不去探讨。但是，在江恩看来，在确定无疑的顶部进行做空确实是让交易者难以割舍的绝佳时机。我个人的理解是，做好止损，想做就做。交易者在交易之前一定要想好，我能为这次交易承担多少损失。有了这样的心理准备，你就可以放手去交易了。

总之，交易者要遵循趋势的规律，而不是自己内心的希望或者恐惧。不总结经验教训、率性而为的交易者注定会血本无归。

第十章　股市行情变化图

投资股票应了解的信息

无论是老公司还是新公司，最好要了解一下它的历史背景，长期以来的盈利情况，派发红利多久了，以及未来的发展前景等；另外，还要了解该公司投资是否过量，或者财务政策是否保守。这些会影响将来股价的信息都体现在过去股价的波动中，你只需要研究它的股价历史记录就可以了。

很多人说股市行情变化图对于预测股市的未来走向毫无意义，因为它们只能代表过去的历史。的确，它们确实是过去的记录，但是未来行情也只不过是对过去的重复。每个商人都会查看过去的生意记录，以决定怎样为未来的销售进货，也只有拿过去的记录进行比较才能做出判断。当我们看一个人的记录时，如果他过去一直表现良好，那么我们就会判断出他未来也会很好。

股市行情变化图其实就是一幅图画，它比我们的语言描述更加清晰明了。同样一件事情虽然可以用语言来表达，但如果我们通过图形的方式直观的话，能更快地理解它。就如我们要认识一个人，要了解他的品质是好还是坏，从照片来看会比阅读描述他的文字要快得多。

有句名言说："已有的，还会有；已做的，还会做；阳光之下没有什么新东西。"这说明理智只不过是过去的重复。行情图是我们唯一能看到的股市行情历史的指南，我们可以据此判断将来该怎么做。

　　如果创造股市的不是人而是机器，那么情况可能就大不同了。但对于那些懂得操盘者操作信号的人来说，行情图和历史记录还是非常有价值的。

　　你应该取得尽量多的月度最高价和最低价历史的股票行情变化图，和一张过去半年到一年内每周最高价和最低价的行情图，以及一张过去30天到60天内每日最高价和最低价的行情图。这样就能看出这只股票的过去、现在和将来的走势了。如果指示还不够清楚，你就要再等一段时间，直到能从大盘上看出影响股市的供求关系是平衡还是不平衡。

不要忽视成交量

　　不要忽视成交量，它说明了供给和需求是否大到能影响股价上涨和下跌。我们要根据已发售股票的总量来衡量每天、每周和每月的成交量。

　　查一查美国钢铁股在 1922 年最后三个月的交易记录，你就会发现它连续几个星期的波动都很小，总成交量只有 30 万股，于是很快就能推断出，无论是买盘还是卖盘都不会马上有什么大的行情。为什么呢？因为美国钢铁股共有 500 万股，所以至少要有 100 万股或更多股换手，才能使其在任何阻力位上出现大的波动。一只股票的成交量越大，要引发长期行情所需的吸筹或派发的时间也就越长。

成交量说明什么

　　每只股票的成交量都能说明正在买进和卖出该股所占的比例。所以，只要你能正确解读大盘，就能从大盘和波动中了解真相。没有大的成交量，股票自然就不能派发和吸筹。若要形成一次大的行情，就一定要有人大量地以接近底部或顶部的价格买进和卖出股票。因此，我们要仔细研究成交量、大量卖出股票所需要的时间，以及成交量逐渐增加时股价上涨或下跌的点数。

假设美国钢铁股已经上涨了 20 个点或 30 个点，现在一天有 20 万股的成交量，但价格却只上涨了 1 个点。第二天的交易量仍有 20 万股，但股价并没有上涨。这就很明显地表明，在这一点位上，这只股票已经供大于求，至少买家无需竞价抬升就能买到所有想买的股票。在这种情况下，明智的做法就是抛售，然后静观其变。如果一段时间后，所有股票都在这一水平被买进了，并且股价升至新高，就意味着股价还会上涨。

在大的牛市中，股票一达到派发区域，就会出现大幅震荡，成交量就会达到所有净发股本总量的好几倍。例如，在 1919 年下半年到 1920 年春，鲍德温股的成交量从每个星期的 30 万股上升到了 50 万股，而其点位只是在 130 点至 156 点之间徘徊。当时该股正在派发期间，人们都满怀希望、不计成本地买进。

在那之后，出现了一轮较长时间的下跌行情，在 1921 年 6 月 25 日的那个星期，鲍德温股跌到了 62.375 点，比 1919 年的最高点位下降了 93 个点。在那次下跌行情的最后一周内，它从 70 点下跌到了 62.375 点，即下跌了 7 点多，而那个星期的总成交额还不到 11 万美元。这说明资本变现即将结束，几乎没有什么急于卖出的股票。当时一个星期的交易量大约是股本总数的一半，大概与流通股的总量差不多。而当该股接近约 100 点时，股本每个星期会被转手两次。

注意，1921 年 6 月，当鲍德温股跌到 62.375 点时，就开始以小规模成交量反弹了。这说明等待卖出的股票已经所剩不多，无需强力买进就可以拉动股价往上涨。这一轮上涨行情一直持续到了 1922 年 10 月，在升至 142 点时又开始了新一轮的派发。从这里你可以看到成交量是如何影响吸筹和派发时间的。

专家解读

　　成交量，看盘就是看成交量。江恩炒股的终极原则是供求关系，由此引发的最直接的具体体现就是成交量。江恩提出的成交量的观点很简单：底部缩量，表明所有想卖的人都卖了，抛盘枯竭即为底部；顶部特征是放量和大幅震荡。对于普通交易者来说，缩量形成的底部不是买进的好时机，因为此后还有相应的建仓吸筹期、震仓期等放量和缩量阶段。对此交易者仍需等待，等到突破之时再决定是否买进。当然，也有股票会一蹶不振直至退市。对于交易者来说，没有必要和它硬耗。放大量并大幅震荡确实有可能出货，但是最终的判定还是要看震荡完毕之后股价的突破方向。A股市场确实有不少放量震荡后再次翻倍的个股，这期间主力无论采用对敲的手法，还是换庄的手法，最后反正会向上突破。可能读者很关心假突破怎么办？答案很简单，"割肉"。还是那句话，设好止损点，想做就做。个股的趋势是用来跟随的，而不是预测。

第十一章　七个行动区域

股市可以划分为七个区域，从而确定不同的行动阶段。在正常区域上下各有三个区域。

正常区域

在正常区域，股价基本接近股票的内在价值，此时根据人的判断和行情记录，可以从供需角度对大盘进行分析。在正常区域，买进与卖出量大致相当，股价波动幅度很小，人们没有明显的动机对股票进行疯狂的投机性抬升或打压。在正常区域周围，吸筹和派发都有可能出现。投资股或金边债券都可能从这一区域开始下跌，而前途被看好或被吹嘘为有望获得大量利润的投机股则可能从这一区域开始上涨。

正常区域以上的第一区域

在正常区域以上的第一区域，股价慢慢地上升，而很少受到人们的关注。这一区域可能持续一个月、三个月、半年或一年，根据股市在总的经济环境中经历的周期而定。这是因为，从长期震荡的角度来看，股市从正常区域过渡到第三区域有时需要一年，甚至五到十年的时间。

正常区域以上的第二区域

正常区域以上的第二区域标志着行动较大的时期，这时集合资金开始抬升某些股票。你会听到一些有关业绩提高的报告，人们开始关注股市，少数人开始少量买进，但大多数人仍会等待股市返回第一区域后再买进。当然，这种反复的情况很少发生。

正常区域以上的第三区域

正常区域以上的第三区域（最高区域）就是派发期。这个时期会出现大的动作，震荡幅度也会非常大。股票被炒得火热，人们疯狂地买进，赚到大钱的报告不绝于耳，红利增加并且公布派发消息，到处都是一派欣欣向荣的景象。所有人都开始乐滋滋地谈论着繁荣的经济，股票一连几个星期或几个月都在上涨，即使行情有反复，幅度也很小。等待行情反复的人开始失去耐心，在股市上胡乱地买进。你会听说某个勤杂工、擦鞋工、图书摊贩和速记员赚了一大笔钱，所有人都在积累利润，梦想得到即将拥有的财富。当然，这些钱大多数还只是账面利润，并没有兑现，只有10%左右的财富在这一阶段被兑现了。许多人满怀激情，迟迟不愿卖出股票。从1919年8月到1919年10月，股市一直处于这一区域。可能许多人都亲身经历过并知道结果了。

在这一阶段中，如果每隔几天股价就上涨1~5个点且很少反复，这样持续数周或数月，就说明这一阶段接近尾声了，尽管没人能看到这一点。某天晚上，股民们都满怀希望地回家了，天空没有任何愁云笼罩。第二天早上他们再来时却发现股票一开盘就下跌了1~5个点。这种下跌不是因为传出了什么消息或其他原因，真正的原因是股市已经到达了供过于求的阶段，每个人都已经买得够多了，再也不会一开盘就有大量的买单来支撑股价了，所以一开盘股价就下跌，这是这一阶段结束的第一信号。对此你要警惕了！从本质上说，看见第一道闪电，你就该知道暴风雨就要来临了，你必须要保护自己。在第一信号出现后，股价可能会短暂下跌，然后再反弹到最高点的位置并持续一段时间，但这只是在警示"饱和点"快要到了，聪明的人就会及时退出。

人类历史告诉我们：世上任何东西都不会有无尽的需求，无论是矿产品、工业产品还是农产品，早晚都会出现供过于求的情况。一旦某种生意有钱可赚，让一些人发了大财，就会有很多人盲目跟风，导致生产过量，使得价格下降。这只不过是自然规律，由人类本身的弱点所致，在股市和其他任何行业都是如此。当股价达到正常区域以上的第三区域时，波动的幅度就会猛然加大，你可以从中快速地赚到很多钱。于是各阶层的人都被吸引进了股市，他们不停地买进，股价也就随之上涨，直到知情的、不知情的、高位的或低位的都买足了需要的量。这时所有人都发现自己已经到了饱和点，于是开始寻找买家，却已经没有人要买了。随后，所有股票都狂跌回到正常区域，并一路下跌到正常区域以下最后的第三区域。

正常区域以下的第一区域

正常区域以下的第一区域的标志是，股价从高位平稳下跌，这个过程是对弱势持股者的第一次洗盘。随后会有一轮反弹，但股市对于这一反弹反应很迟钝，因为供仍大于求，且派发仍在继续。很多错过了正常区域以上第三区域的人还是很聪明的，在这一区域就卖出了；而精明专业的交易商则看出牛市已经结束，每次一有反弹就进行空头交易，结果股价开始缓慢下跌。

正常区域以下的第二区域

在正常区域以下的第二区域，资产变现的情况增多，股价跌势更猛，反弹更小了。有关经济滑坡的报告开始出现，这种形势使人们变得更加保守，不再满怀期望，也停止了买进，结果导致市场失去了支撑，股价进一步下跌。

正常区域以下的第三区域

正常区域以下的第三区域（最终区域）与正常区域以上的第三区域完全相反，这时人们会变得极度恐慌和悲观。投资者们失去信心，开始大量卖出，全美陷入了一片混乱，到处都是经济萧条的报告。红利停止派发或大打折扣，即使在顶部时乐观的人现在也变得小心翼翼，暗示人们情况会变得更糟。股票的供应似乎源源不断，所有人都在卖出，却没有人愿意买进，你可能听到人们说股票还不如写字的纸张值钱，他们买进股票的时候，买价比现在高出50～100点。处于这一区域时，你就应该停止做空，趁着大多数人卖出股票时买进。由于股票悄然上涨会持续很长一段时间，你有充分的时间考虑是否买进，所以在这一区域，有必要观望几个月，直到资产变现完成，吸筹即将开始为止。记住，黎明前总是黑暗的，而太阳开始向西往下走之前的正午才是最明亮的。

专家解读

本章中江恩对股票七个区域的划分是以横盘区域为起点，上下各划分三个区域，而根据如今人们的思考逻辑，则更倾向于以"建仓期""拉高期"和"派发期"为阶段来划分，形成一个完整的上涨和下跌周期。江恩建议将股票的走势分为两类："横盘期"和"运动期"。前者就是稳重的正常区域，后者包括上涨的三个区域和下跌的三个区域。而上涨和下跌的三个阶段又和艾略特的波浪理论相吻合。三个上涨阶段里包含两个回调阶段。其实，在本部分内容中，读者更应该消化和理解的是江恩对每一个阶段的大致描述，从中我们可以得出这样的结论：

（1）犹犹豫豫上涨的走势绝不是顶部，可以放心大胆地在下轨处买进；

（2）大幅上涨之时，市场舆论开始关注热门股时也可以买进，虽然此时距离顶部不远，但是还未到派发时期；

（3）放量和大幅震荡走势，尤其是经历了一段时间的上涨之后，此时应该以卖出操作为主。

当然，这只是一个大体上的操作轮廓，具体的量化必须以不同的个股为准。有些个股单日换手率7%，可能就会面临一轮较深的调整；而另外一些个股单日换手率15%却还能继续上涨。具体怎么判定，需要在真实的交易中不断磨合调整。

某位荐股专家有一个观点，认为上涨进行中的股票单日换手率超过7%就应该警觉，随时伺机出局。凭他在股票市场的经验，这个数字应该是值得参考的。

第十二章　股票的习性

　　股市是由人的力量来推动的，也就是说，股价的高低是由人们买进和卖出的情况决定的。由于人们各有各的习惯，股市或个股自然也就反映着股民们的不同习惯和方法。你一定要透彻地了解你所交易的股票，通过对它们的研究了解其特有的波动规律。正如前面所说，这种波动是由多年连续做一只股票的那群人或集合基金造成的。

　　你一定要在交易前就调查和了解你要交易的股票，而不是交易后。要仔细研究每只个股在上涨或下跌时的点数变化；认真计算需要多少成交量才能使这只个股形成一轮大行情或小行情；要弄清楚这只个股形成底部或顶部的过程是快还是慢。有些股票的顶部和底部非常尖锐，有的股票顶部呈圆形，有的顶部则呈方形；有的股票会出现双重的顶部或底部，有的股票的顶部或底部会有三重，而有的股票则只有单个或陡直的顶部和底部。这里所说的双重和三重顶部，是指某只个股达到某一特定水平后出现一次大的反复，之后又有第二次或第三次达到顶部的情况，反之亦然。

扁平或陡直的顶部和底部

　　股票和人差不多，都有各自的习性和波动规律，通过熟悉一只股票并观察它的长期行情，就很容易了解它将来的走势，就像在认识一个人多年后就能猜到他在特定情况下会如何行动一样。记住，股市的波动是由人引起的，它透露出人们内心的思想，并揭示了特定类别股票操作者的行动、渴望、期盼、愿望和目的。

不同的股票波动的方式各不相同。有的是领头股，有的则比较拖后；有的波动很快，有的则很慢。

在股市行情变化图上，领先到达顶部的股票就会表现出所谓扁平的顶部，也就是说，他们到达某一水平后，会持续几个星期或几个月保持在这一水平上。股票的类别不同，上下波动的幅度也不同，但不会比开始派发时的水平高多少。当熊市开始时，这些股票当然也会首先领跌。

而波动开始较晚、在整个股市快要到达顶部时才开始迅猛上涨的股票，则会形成所谓的陡直的顶部。但过不了多长时间，当整个股市都开始下跌时，这些股票就会迅速下跌。当然，与那些早已从顶部下跌的股票相比，这些逆势上涨的后发股会在高位遇到更大的卖出压力。

接着你可能会问："这些形成陡直顶部的股票何时派发呢？"

这些股票在上涨时被派发，在下跌时被卖空。在形成陡直的顶部后，它们通常会先下跌10、20或30个点，然后暂停一下。这时，因为股价下跌太多，很多人认为不能卖空，并且认为其下跌到了适合买进的水平，于是他们就大量买进。这种情况下，后发股经常在后来者的推动下在低于顶部20或30个点的价位开始派发，而领涨股则在低于顶部5～10个点开始派发。

领头股会多次达到同一价位水平，有些领头股甚至会达到10～15次；而后发股的股价则更像是火山爆发，会迅速涨到顶部，而且只会出现一次最高价位，这是因为当冲击式的买进力量消失后，股票就会快速跌到半常态的价位。这是一个急剧变化的过程。

派发所需的时间

影响股票派发所需时间的因素有：股票的种类、发行的数量、总体经营状况、知名度和广告宣传力度等。

例如，1919 年的股市，日均成交量达到 200 万股的天数超过 60 天，在这 60 天里派发 100 万股要比正常状态时花一年时间进行派发还要容易，因为人们都在不假思索地疯狂买进。一旦股票达到派发的水平，股价就会迅速地上下波动。这时交易量很大，买空和卖空的人都很多。人们对那些迅速上涨或下跌的股票都很着迷，因为其中蕴含着大量赚钱的机会。

人们一旦相信了某件事，那么在很长一段时间里都会相信它。例如，一只股票在 120 点到 150 点之间反复涨跌了七八次，即每次下跌到约 120 点时又会涨到 140 点或 150 点，最后人们就会认为，如果每次在这只股票下跌到约 120 点时买进，就能很快赚到钱。但是，当这只股票彻底被派发完，它就会在下跌到 120 点之后再也不会上扬了。而大家手上的持有量都很多，还满怀希望地等待着。这只股票会继续下跌 10 点、30 点、40 点或 50 点，等到投资商和交易者都厌烦了，就会开始卖出。

派发的一些明显信号包括交易量很大但迅速反复地涨跌、增加红利、派发股息以及给持股人派发额外股权等，这些都是用来使人上当的诱饵，如果你相信它们，就必然会遭受损失。

错误判断吸筹或派发的时间

在股市的不同阶段，吸筹或派发所需要的时间是不相同的。某一集合基金可能在年初形成，他们大量买进股票，期望在春季上涨。四五月份股价上涨了，该集合基金便开始卖出股票，把所有股票都派发出去。到了六月或七月，股价突然急剧下跌，人们有些害怕，于是匆匆将高价买进的股票抛出。然后这只集合基金或另外一只集合基金又买回这些股票，使得股价又开始上涨。随着股票在不同阶段派发，这种情况可能会先后出现三四次，但这只是次一级的派发期。最终当股价达到最高位或派发的最终区域，所有人都看好行情时，股票的派发就会引发一次长时间的熊市行情。

同理，股价下跌时，会在某一水平停下并维持一段时间，然后开始反弹。这时看跌的人就会取消所有空头交易，股价则继续下跌。经过先后两三次不同阶段的资产变现后达到最终阶段，此时的吸筹就会诱发新一轮的牛市行情。本书中的股市行情变化图 11 和图 12 分别记载了铁路股和工业股顶部和底部的平均价格，可以充分证明这一规律。

牛市和熊市每次的股价变动都会出现三四次反复的起伏，根据时间和起伏情况不同，每只个股的高点位和低点位也不同。看一下工业酒精（Industrial Alcohol）股的行情变化图，可以看到该股下跌过程中的各级点位和起伏情况，每个阻力位都曾被当作是底部。而实际情况是，随后出现的所有反弹都没有达到更高的顶部，所以每个阻力位都只不过是暂时的底部。

许多股票在牛市行情或熊市行情快结束时都会暂停下来，好像在吸筹或派发，又像是已经到达了最终的顶部或底部。但如果股民们大量买进或所有卖空者都在这一水平补仓的话，即使是在非常高或非常低的水平上，也可以形成一个较弱的做多或做空的趋向，使股票冲至最终的顶部或底部。

通常在股价正在接近最终顶部时，职业的空头就会卖出大量的空头股，但随后发生的事情可能会使他们恐慌，转而开始补进。他们的买单加上普通股民的买单会把股价抬升至比之前的顶部略高一点的水平。本书中的股市行情变化图 11 和图 12 清楚地表明了这一规律。在有关零售商店及其在 1920 年 12 月的底部，和 1921 年 2 月和 3 月之间的第二个底部的例子中，也对这一规律进行了充分的说明。

阻力位

在开始交易一只股票之前，要尽量弄到一张该股在近几年的行情变化图并认真研究一下。注意以前顶部和底部的价位水平，找出曾经创下的阻力点位，这样你就能判断自己入市的时机是否合适了。

如果你想在 1921 年买进一只股息很高并且前景看好的铁路股，假设你有一张纽约交易中央公司（New York Central）从 1896 年至今的行情变化图（见本书股市行情变化图 5），再阅读一下"第三篇第十八章如何判断强势股"中关于纽约交易中央公司那部分，你就会明白，通过股票的历史记录可以预测股票的走势，并能知道自己是在接近波动的顶部还是底部买进股票的。

假设你绘制了一张某只股票的行情变化图，发现它的单价从 10 美元涨到了 50 美元，现在的售价为 40 美元，那么这时以 40 美元的价格买进就会不安全，因为卖出价过于接近最高价，而离最低价太远。当然，并不是说买进从 50 美元跌到 40 美元的股票就不好，我只是举例说明买进或卖出时安全的股价位置。不管是大行情还是小行情，在交易之前都应当等股票表现出它在上涨或下跌途中遇到阻力。交易者要始终记住，做任何交易都应当有正确的理由，千万不要单凭期望去买进或卖出，那样做纯粹是在赌博，而赌徒迟早都会遭受损失。

极高位或极低位后何时买进卖出

在股票从最高价位开始下跌或从最低价位开始上扬之后，决定买进或卖出时间的方法就是观察何时出现猛跌和反弹。一般股票会反向运动 5~7 个点，有时是 10 个点；不过低价股只有 2~3 个点。

观察一下形成大行情或小行情所需的时间。在股市非常活跃时，股票连续猛跌的时间一般不会超过两天，到了第三天它的卖出价就会有所提高。在第二天猛跌时，应该买进并下一张 3 个点的止损单。如果股票不活跃，或者只是在顶部或底部附近徘徊，就要等到股票活跃起来再开始买进或卖出。

如果一只股票连续两个星期或更长时间都低于顶部或底部，然后又开始活跃起来，并达到新的顶部或底部，这时候，一旦股票在新的涨跌区域开始活跃起来，就要马上买进或卖出了。

在行情开始时入市

很多人看到股票开始上涨，就想等到股价回落后再开始买进。如果股价没有回落，他们就不会买进这只股票。回落、逆势波动和反向行情都发生在吸筹阶段。此后，股票就会开始上涨，超过吸筹区域，但不会大幅度回落。这是为什么呢？因为内部人士已经买到了他们想要的所有股票，这些人的下一个目标就是将股价抬高到他们可以卖出的派发线。一旦股价开始上涨，他们是不会回过来让别人赶上的。

在华尔街，犹豫不决的人肯定是要失败的。因此，当你看到一只股票开始上扬时，如果它非常活跃，且交易量很大，就不要等待了，要马上买进。

这条规则也适用于卖出。一旦股票的派发期结束，如果你正在做多，就要马上卖出改为做空。抱着希望继续持有没什么意义，这只股票不会再升到高位等你卖出。这就好比20世纪的火车，绝不会在开出20英里后，又返回中央火车站去接某位未赶上车的乘客，你必须在他们高喊"所有乘客都上车"时上车，否则就会被火车落下，股市也一样。

当然，你必须认真研究股票，并能够判断大行情开始的时间。一般来说，吸筹或派发结束后，行情就开始了。这时，你在一两个月内赚的钱会比在股票震幅小时做半年赚的钱还要多。

小幅震荡和停滞

股市的牛市行情在达到顶峰的过程中，总是伴随着大幅的震荡和大成交量，它们可能会持续几个月，最后在几个交易量为 200 万到 300 万股的成交日之后，牛市行情会达到极致。

一旦出现这种信号，就要警惕了，因为牛市快要结束了。

熊市的到来十分迅猛，而且也伴随着剧烈的震荡和大成交量。例如，在 1920 年 12 月 22 日，股价狂跌，成交量达到 300 万股，是当年成交量最大的一天。在这之前，股市就已经连续下跌了好几周，交易量一直居高不下，而这一天就是最终的底部。在这之后，一轮大的反弹行情开始了。然而就在那一天，许多股票都被以历史最低价贱卖了。

从多年的记录来看，如果在顶部或底部出现了两三百万的成交量，则标志着转折点的出现。当平均指数中的一只或一组股票保持长时间的小幅震荡且成交量很小时，则表示在这一过程中要么有派发，要么有吸筹，股市行情即将发生变化。在短短的几个星期、几个月或几年后，你要密切关注股市行情的变化，并采取相应的行动。

平均指数——1921 年，铁路股的震荡幅度反映在平均指数上的只有 11 个点，与 1906 年 138 点的高位相比，股市的平均指数跌到了 66 点，这是自 1912 年以来股市震荡幅度最小的一年，这说明资金正在变现，因为铁路股一点也不活跃，大家都害怕做这类股票。随后，上涨行情便开始了。

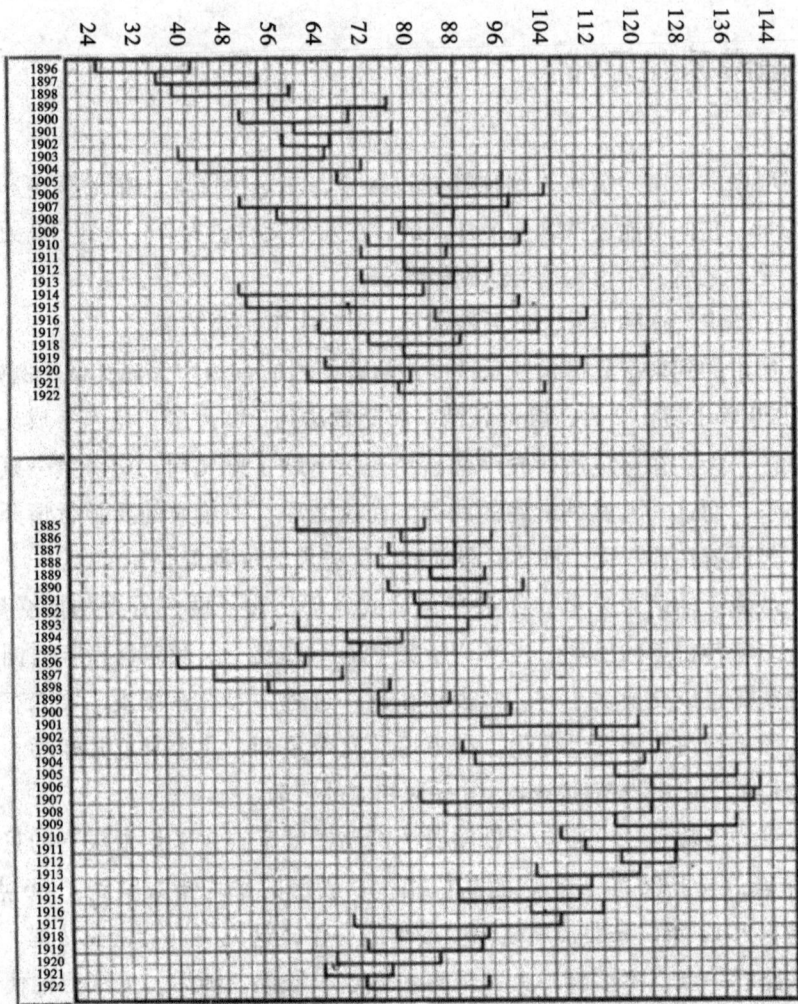

股市行情变化图 1　道琼斯平均年度指数年度高位与低位

（上：20 只工业股票 1896—1922 年　　下：20 只铁路股票 1885—1922 年）

　　将铁路股和工业股的行情进行比较，从股市行情变化图 1 上可以看出，铁路股和工业股都在 1896 年达到了极端底价。1930 年工业股的底部较高，而在恐慌的 1907 年，底部更高一些；1914 年大萧条时曾跌到原来的水平，1917 年有所提高，1921 年只比 1917 年的底部低了 2 个点。而铁路股在 1921 年却创下了除 1896 年以外的历年最低价格。

这说明工业股受到了更好的支撑，它比铁路股更容易快速上涨。到现在，工业股的平均指数比 1921 年的最低点上涨了 40 个点，而铁路股只上涨了 27 个点。这就是通过比较不同类型股票的平均指数来判断最弱或最强股票的方法。

许多股票在到达低位或吸筹后，会在接下来的几个月内小幅波动；而一旦突破这一范围，就会出现较大的波动。我们要注意这种情况，并采取相应措施。

墨西哥保险箱股在 1918 年 2 月涨到 98 点后，又下跌到了 90 点；一直到当年的 5 月，其成交价格都维持在 90～98 点，然后在 6 月上涨到了 102 点，接着又跌到 96 点；在 7 月份又上扬到 103 点；而 8 月份的成交价格一直在 100～102 点，整个月只有 2 个点的上下波动，这是其历史上波动最小的一个月。这种股价上涨到顶部后又极不活跃的一个月说明，这是一个吸筹的过程，内部人士开始耐心等待，引诱人们把股票全部卖出，在股价大幅上涨之前鼓励大家大肆做空。

因此，这也暗示着大的行情即将开始。在 9 月份，股票回落到 98 点之后又上涨到了 104 点，这也是 1917 年 1 月以来的最高顶部。随后股价一直上扬，期间只有几次小幅回落；到 1918 年 10 月，股价上涨到了 194 点；在一次下跌到 146 点以后，其底部不断提高，直到 1919 年 10 月最终到达了 264 点。

专家解读

和人一样，每只股票都有自己的脾气秉性，这一点我想大家都认同，

73

因为主力的操盘手也是有性格的人。在市场中找到秉性相投的股票与在生活中找到志同道合的朋友一样，都需要时机和缘分。一旦熟悉了彼此的"脾气秉性"，波段操作、上下其手、日内套利等必将得心应手。相信有五年以上炒股经验的交易者会对某些有着鲜明走势特征的股票印象深刻。一般而言，大盘蓝筹股倾向于不温不火的走势，小盘题材股很容易在短时期内翻倍再翻倍。这要看你所追求的交易风格。如果你的交易是以年为单位，而且资金量较大属于风险厌恶一类，那么大盘蓝筹成长性股票肯定是你的追求，你会认为市场中连续封板快速拔高的个股通通都不是你的目标。当然，很多人会喜欢捕捉这些短期热点，快进快出追求高额利润。

至于顶部和底部的具体形态，不同个股自然走势不同，单就底部或者顶部形成的过程而言，一般没有人能精确肯定这里是顶部或者底部，以及进一步确认是在该区间的上限或者下限已被突破。此时趋势已经形成，只是很多人往往会担心假突破，导致措施交易良机。根据江恩的交易原则，趋势一旦形成，往往会持续一段时间，正如股票抵达顶部之后，派发需要相当长的时间来完成一样。因为既要抛出筹码，又要维持股价高位运行，有时候甚至需要买回卖掉的股票来维系。这样每天所能抛售的筹码是有限的。而一旦突破整理区间的上轨或下轨，就可以随即买进或卖空。不过，千万要记得设定止损价位，假如突破后股价又重回整理区间，交易者自然应该认赔出局。然而，现实中很多交易者会想，既然没有趋势，那我做区间震荡吧，上轨卖出下轨买入。这里需要指出的是，这种违背当初进场意愿的交易，即便是赚了钱，也是运气。而且一旦养成这样的交易习惯，终有一天你会因不遵守交易规则而一无所有。交易计划一旦制订，必须坚决执行。

对于阻力位而言，市场中有一部分筹码移动论爱好者，他们认为经过长期的下跌，筹码分布显示上方的套牢盘均已"割肉"，股票上涨应该毫无压力。但实际情况是，相当多的交易者一旦套牢便一直持有，直到股价涨回或者高于自己的买进价位才清仓。这类交易者为数众多。由于每到前期的整理区间时，必要的阻力和支撑力量必定存在，因此不随意妄想才是交易者在股价到达支撑和阻力位时应有的态度。

关于卖出，江恩在规则中所说的"点"我认为是美元的意思，否则就不用区分高价股和低价股了。江恩对具体的股价波幅不喜欢用百分比，而是具体的价格。买卖的时机虽然只有短短数语，但是江恩在这段文字中所传递的信息再明确不过，即一定要等到股价快速变化时才做决定。我看到过很多交易者在持有慢牛股的过程中，往往在行情不温不火时中途退出，从而错过了最后丰厚的回报。捶胸顿足者有之，肆意幻想者也有。简单地说，股价不再创出新高，交易者基本上就可以出局了。普遍来看，交易者容易犯的错误有以下几点：

（1）致力于卖在最高点，这一点纯属异想天开；

（2）交易者致力于计算最高点，结论是痴心妄想；

（3）股价不再创出新高后仍一直持有，认为后面还有一轮新的升势，对此交易者可以不参与整理，先清仓出局，等待股价完全突破，趋势形成之后再做交易。

本章中江恩还强调了一个关键点，即再次抵达前期的顶部或者底部并再度活跃之时，才是买进和卖出的良机。

关于股价的小幅震荡和停滞，"细微之处往往蕴含大的转折"这句话用在这两种走势上颇为贴切。如今股市中有句话叫"放量滞涨"，江恩这段话描述的大致就是这个意思。

第十三章　股票的不同类型

新股值得买吗

在公司组建之初，在场外证券市场或纽约证券交易所上市时，一般情况下，其股票都是掌握在内部人士和要开展业务的公司创办人手中。因此，股票是派发给广大股民的。股票正式上市后，短时间内可能会上扬，这时买进和持有的人在看到利润之前，即使不把老本赔光也一定会亏钱。

美国钢铁（U. S. Steel）——美国钢铁公司在 1901 年成立之初，以 40 美元的单价向股市投放了 500 万股普通股。这只股票先是上涨到了 55 美元，当 1901 年 5 月 9 日北太平洋股垄断高抛之后，它在不到 60 天的时间内就下跌到了 24 美元，此后反弹的最高价位是 48 美元。接着股价开始缓慢下跌，直到 1904 年春跌到了 8.625 美元。在将近一年的时间里，该股股价都在 10 ~ 12 美元之间波动，这说明买进的时机到了。因为这只股票已经到了内部人士提供支撑并回购所有他们曾以 40 美元的价格出售股票的价位。

在 1908 年之前，这只股票一直都没有超过 50 美元。所以，在股票最初发行时就买进并持有的人，必须要等上七年才能保本。另外，当股价接近底部时，他们的资金有 75% 以上都化为乌有了。在形势如此糟糕的情况下还继续持有股票需要极大的勇气和坚定的信念。除了这只股票之外，像这样从派发给人们之后就一直没有恢复元气也上升不多的股票还有几只。此外，有几百只新股要么被重新评估，要么早就不复存在了。

泛大陆石油——这又是一只在 1919 年让人们损失了几百万美元的股票。这只股票在 1919 年投放股市时的价格是 45 美元左右，并在当年 11 月份上涨到 62 美元。几百上千受到诱惑的人买进了这只股票，并听说它会涨到 100 美元甚至更高。但由于内部人士已经把股票全部卖给了股民们，没有了支撑的股票便开始了漫长的下跌。过了一年多，在 1920 年 12 月，它的售价跌到了 6 美元。如果某个人在股价接近顶部时买进的话，那么这时他的资本就已经损失 90% 了。

画一张这只股票的股市行情变化图研究一下，看看它在顶部和底部时的形状。在 1920 年卖出价跌到 6 美元后，1921 年 4 月份上涨到了 13 美元，而在同年 8 月份又跌回到了 6 美元。这时股票的波动很小，说明在这个水平上的卖出结束，有人正在买进。1921 年 12 月份，股价涨到了 12 美元，比同年 4 月份的价格低 1 美元。到 1922 年 3 月份，股价再次跌到了 7.5 美元；这时该股又变得不活跃了。这说明股票已经得到了支撑，利润已经彻底变现，正是买进的大好时机。从那以后，到 1922 年 5 月份，股价已经涨到了 20 美元并且还有继续上涨的趋势。

除了泛大陆石油以外，在 1919 年经济繁荣时期上市的其他新股也几乎都以同样的方式下跌了。要始终记住，新股总是在繁荣时期大家都想买进时发售，而且总是以高价发行，这样在股价下跌过程中始终可以卖出。所以，买进新股时要特别小心，当新股开始下跌时，要迅速推出转为做空。

另外，当你认为股票已经到达底部时，要等一等，看看它的需求是否足以起到持久的支撑作用，或者它只是到达了一个暂时的底部，几个月之后还会跌破这一临时底部并继续下跌。当股票达到顶部或底部时，不要急于入市或退出，因为无论内部人士是以接近底部价格买进建仓，还是以接近顶部价格派发股票，都需要相当长的时间。

买进老公司的或上市已久的股票

派发大量股票，并使那些无论股票涨跌都会持有而拒绝卖出的投资者再去买进股票，需要一定的时间，有时甚至会是几年。所以，一般的股票可能需要经过 5 到 10 年不等的大幅度操纵才能全部卖给投资者。之后，如果这家公司经营得很好并赚到了钱，其股票的波动幅度就会很小，这是因为投资者持有该股，且没有进行操纵的缘故。

但是要记住一点，当股票被投资者持有之后，这种股票对内部人士就没什么价值了，除非他们能制造恐慌让投资者卖出股票。这需要很长的时间，因为投资者对股票有信心，会一直持有某只股票几年时间，不会很快卖出。只要这只股票派发股息，他们就会觉得继续持有是安全的。

一旦股票最终低于长期所处的价格水平，大量的卖出便开始了；而且因为股票总是得不到支撑，就会急速下跌，直到有精明的炒股人愿意回购为止。这就是为什么在股票从顶部下跌50点时卖空经常要比刚刚在下跌10点时卖空更为安全，因为所有的支撑都不复存在了。每个人都想卖出，却没有人想要买进。这样的例子，我可以举出几百个，但几个也就足以说明问题了。

纽黑文（New Haven）——这只铁路股支付 4% ~ 10% 的股息长达三十年之久。当这只股票全部掌握在投资者手中时，股价开始下跌了。它从 280 美元跌到 200 美元时仍然支付了股息。投资者觉得还可以，就继续持有。后来，它在 1911 年降到 150 美元时仍然支付了 8% 的股息，投资者并没有大量抛售，他们认为很安全，因为这只股票一直在支付股息。

可那些内部人士却不再持有这只股票了，而且多年一直在卖空，因为他们知道这只股票马上就不会再支付所有股息了。1913 年，它的股息降到了 5%，价格也因为大量套现而跌到了 66 美元。在这以后它反弹的最高价位就是 1915 年的 89 美元，而 1914 年它没有支付任何股息。即使这样，很多人都还一直满怀希望地继续持有而没有卖出；可当股票开始缓慢下跌时，人们的希望破灭了，开始卖出股票来减少损失。结果，这只股票在 1921 年狂跌到了 12 美元。

这个例子说明，股价永远不会跌到最低，也永远不会涨到最高。有多少知道纽黑文股卖出价曾高达 279 美元的人会在它跌到 50 美元时去做空呢？但是，在这只股票跌至 12 美元的过程中，卖空是很安全的做法。情况发生变化时股票的卖价是无关紧要的，你必须根据实际情况来行动。

太平洋联合（Union Pacific）——同样的情况也出现在卖空股票的时候。很多人都知道太平洋联合股在 1896 年的售价是 3.5 美元，并且在股价为 20 美元时曾被估定，但没想到它的股价会在 1899 年升至 50 美元，所以他们因卖空这只股票而破产了。在被估定十年以后，其股价涨到了 195.375 美元并派发了 10% 的股息，在 1909 年甚至涨到了 219 美元。

所以，那些总觉得这只股票卖出价很低和思路不够开阔的人，没有料想到哈里曼（E. H. Harriman）会使情况得以改变，结果因逆势卖空这只股票而损失惨重。如果他们能够顺势而行，早就能赚到大笔的钱了。

美国食糖精炼（Am. Sugar Refining）——这只股票也是在连续多年一直疯狂震荡之后才完成派发，完全由投资者持有。但在随后的很多年里，这只股票平静了下来，波动的幅度很小。到了 1919 年，它的股息率升高到了 10%，这是其二十年来的最高值。可是，即使是在经济繁荣时期糖价极高的情况下，它的售价也没能接近 1898—1960 年被炒作和派发出现的高价。

到了 1921 年，这只股票不再支付全部股息，股价也跌到了 47.625 美元。当然，每个人都知道这只股票的底价会在没有任何预警的情况下很快体现在食糖市场上，但你可能会问：投资者怎样知道何时卖出才能保全投资呢？可能没有任何迹象和预警让他们在 1919 年时以高价卖出股票，但是必定会有一个价位水平使股票表现出失去了支撑的弱势。

在恐慌的 1914 年，该股的最低价位是 97 美元；1915 年的最低价是 99.5 美元；1916 年的最低价是 104 美元；1917 年股市又出现了恐慌，该股的最低价跌到了 89.125 美元；1918 年最低价是 98 美元；1919 年是

111.25 美元。注意，从 1914 年到 1919 年，该股在 97 美元左右得到了支撑，所以 1919 年的最低价是 111.25 美元。1920 年初，这只股票的售价是 142 美元，一切似乎都很正常；可是股价在跌破了 1919 年的支撑价位 111 美元之后又跌破了 1918 年的支撑价位 98 美元，这就足以说明股价已经失去了支撑，这时投资人应当卖出了。如果投资者还想回购这只股票，当然还有机会以低出 50 多点的价位再次回购。

这说明，买进刚刚上市交易的新股一定要小心，在股票已经被投资者持有并因为公司成立已久而失去活力时买进也必须要小心。股票的派发期才是通过行情波动或者增加利润点位来赚钱的好时机；派发期的长短从一年到五年不等，有的甚至会更长一些。当一只股票过了派发期，就必须寻找更为活跃的新股了。

股市的行情变化是由人推动的，就像人的活跃性和精力一样，跟老人相比，小孩更为活跃，动作也较为灵敏，但犯错也比较多且起伏更大；老人一旦上了年纪，年龄就成了负担，几乎不再有机会恢复或是上升了，老股票也是一样。因此，我们始终要买进或卖出自己中意的股票，也就是那些最为活跃、震荡幅度比较大且成交量非常高的股票。

用低价股来卖空

始终要记住，买进和卖出同时都在进行。不要忘记这样一个事实——股价的高低不会让股票的数量发生变化，总会有人持有某个公司的现有股本。

美国钢铁——1904 年 5 月，当该股以历史最低价 8.625 美元卖出时，其股票总量是 500 万股。到了 1917 年 5 月，当该股以历史最高价 136.625 美元卖出时，其总量还是 500 万股，有些人在最低价时持有这 500 万股，而有些人则在最高价时持有。股价处于底部时，持有股票的是内部人士；而股价处于顶部时买进的自然就是普通股民了，因为该股当时支付的股息高达 17%。等到股票不再支付股息时，卖出价就跌到了最低点。

很多人买进低价股，只是因为人们认为这些股票下跌的可能性较小，并且希望这些股票会因为股价低而上扬。这自然是一种错觉，根本没有可靠的依据。大多数时候，股票低价卖出就不值钱了，其价值很可能已经低于卖出价。当股票以高价卖出时，它本身就值那个价，或者说，能卖出这么高的价总会有什么理由或是原因。

人们一般都比较喜欢低价股，正是他们的买进才让集合基金和内部人士得以卖出。当然，因为没有支撑，这些股票就会继续下跌。已经全力买进的人们无法再继续买进，股价不断下跌，最终大家便失去了耐心，于是在股价底部时卖出了。用受到人们追捧并拥有长期利益的低价股进行卖空交易，总能够赚到大笔的利润。

南方铁路（Southern Railway）——从 1901 年到 1920 年，该股一直受到整个南方交易者的追捧。每次上升到 30 美元以上时，投资者们就会大量做多，希望股价能够达到 50 美元或更高。看一看该股的行情变化图，你就会明白每次人们大量买进时都是一次很好的卖空时机。

伊利（Erie）——这也是一只人们总是满怀期望买进，但却常常在相对低位存在着卖空机会的股票。因为，当人们厌烦并以接近低位的价格卖出时，该股总会下跌。

低价股下跌的比例经常要比高价股更大。所以，用中低价股来进行卖空交易更为安全一些，原因是这类股票反弹的机会较少。

买进高价股

当一只股票开始从正常价位（比如 100 美元）上扬，每上涨 5～10 个点位就会有大量的股票卖出，因为很多人都认为股价已经足够高了，这时卖出可以赚到利润。如果该股继续上扬，几乎所有人都会全部卖出。之后，专业人士和普通股民就会觉得股价过高而开始卖空。他们都盼着股价开始回落，但下跌行情并没有出现。股票一直上扬，一直到所有的空头都受到重创而平仓退出。

当一只股票从 100 美元涨到 200 美元之后，很多人都会认为它会不断地上涨，于是便买进。结果就会在高位形成弱势的多头，空头随之出现；最后，股票自然开始了长期的下跌。常常有一些人原本认为 110 美元的股价过高了，而当股票从 200 美元跌到 180 美元时，他们却认为 180 美元的股价非常便宜。当所有人都退出时，你可以买进高价股来赚钱，因为人们都认为股价已经很高，即将下跌了。

正因为如此，股票会停在低价位甚至回落，而在高价位时更快地上冲而很少回落，原因是股票被吸纳的同时就没有卖出的压力了。当然，由于很多人买进股票就是为了把股票在高价位卖出去，因此所有股票最终都肯定会到达开始派发且供过于求的水平。只有在股价异常活跃的牛市的最后阶段才能赚到大钱；而对于做空的人来说，要想赚钱，就要等到熊市的最后阶段，因为那时卖出的人数量疯狂上涨，几乎没有人想买进。

不利的股票

任何一个进入股市十多年且一直积极交易的股民，只要认真分析自己的交易过程，都会发现有些股票无论自己怎么做都赚不到钱。这些股民总是过早或过晚地进入，不管做多还是做空，结果总是亏钱；而别的股票则似乎很顺他们的意，甚至像他们的宠物一样。这其中必然有着某种原因，因为凡事都有必然性，有因才会有果。如果你发现股票不按照对你有利的方向发展，就不要再持有了，应该退出交易，只持有那些对自己有利的股票。虽然我可以向你解释其中的原因，但我认为没必要那么做，因为很多人都不会相信。

多年的交易经验和对事情前因后果的分析，让我能发现这些事情存在的原因。多年来，墨西哥保险箱股一直都是我偏爱的股票，因为它让我赚了不少钱。由于我对这只股票的预测非常准确，全国各地订阅股市信件的人都称我为"墨西哥保险箱股的专家"。

对于这只股票的行情，我预测的准确率高达90%，就好像它的上下波动是我造成的一样。而对于其他股票，我也可以预测得一样准确。但其他股票对我不利，我也没有从这些股票中获利。我们没必要非得知道一件事行不行得通的原因，只要你的经验表明某些事情对你不利，唯一的方法就是退出。

专家解读

炒新股还是老股，高价股还是低价股呢？江恩那个时代的交易者和现在交易所中的交易者似乎没有什么区别。逢新必炒，老股票无人问津；蜂拥而上低价股，高价股无人问津。这些行为现在依然随处可见。我本人就是由于买了当时市场上最低价的股票而惨遭摘牌，迄今仍在老三板市场上存在，只是回主板已经遥遥无期了，当时可是我的全部家当啊！由于特有的发行IPO制度，再加上时不时的停止IPO上市申请，导致现在A股市场逢新必炒。不管股票质地业绩前景怎样，上来先涨50%。充盈市场中的投机行为，世界上哪个国家都有，不单独出现在我国。对此，你如果能跟随，显然也能赚到钱，但需要确定一点，你是准备在市场投机还是投资，要先给自己一个定位。

我认识一位资深的投资者，他运作的资金量数额较大，用他的话说就是风险厌恶者。左侧交易，精于计算，获利颇丰。他始终有一个原则，上市不足三年的股票不参与，理由是财务盈利等因素都还不确定，有待观察。

本章中，江恩想让读者摒弃的错误观念到底是什么呢？我想应该是不畏股价高低，只看趋势。另外，谨慎对待新股，认真研究并交易老股，等新股的公司基本稳定和走上正轨之后再决定是否交易。

第十四章　怎样正确看盘

　　正确看盘的最好方法就是不要总是盯着大盘。要记下当天的股价和成交量，绘制出股市行情变化图并根据它来做出判断，不要受谣言、传闻、报告和出现在大盘上的仅半小时或一个小时的波动的影响。一旦形成最终的顶部和底部，大小行情开始之前都会通过在底部或顶部的成交量和所耗时间明显地表现出来。

　　一只股票在上涨之前一定会出现几次反复，但如果之后出现的每一个底部和顶部都在逐渐升高，就说明它在一路上涨；直到最终达到使卖出非常强劲的价位，股票的供应就会远大于需求，使之不能完全被吸纳；这时，就会出现一次回调，股价会有所下跌，当再次形成供不应求的局面时，股价便又开始上涨了。

　　正如股市行情变化图 2 所示，上面记录着斯图特贝克股从 1920 年 9 月到 1923 年 1 月 6 日每周的峰值和谷值。1920 年 9 月 25 日，该股股价从 66 美元开始下跌，在同年 10 月 2 日跌到了 54 美元，而在 10 月 9 日的那个星期内又反弹到 59 美元。此后的四个星期内，股价保持在原位没有上涨，这说明股票供大于求。11 月 3 日，股价又开始下跌，在 11 月 8 日跌破了 10 月 2 日的低点 54 美元。这说明该股的走势又在往下滑。

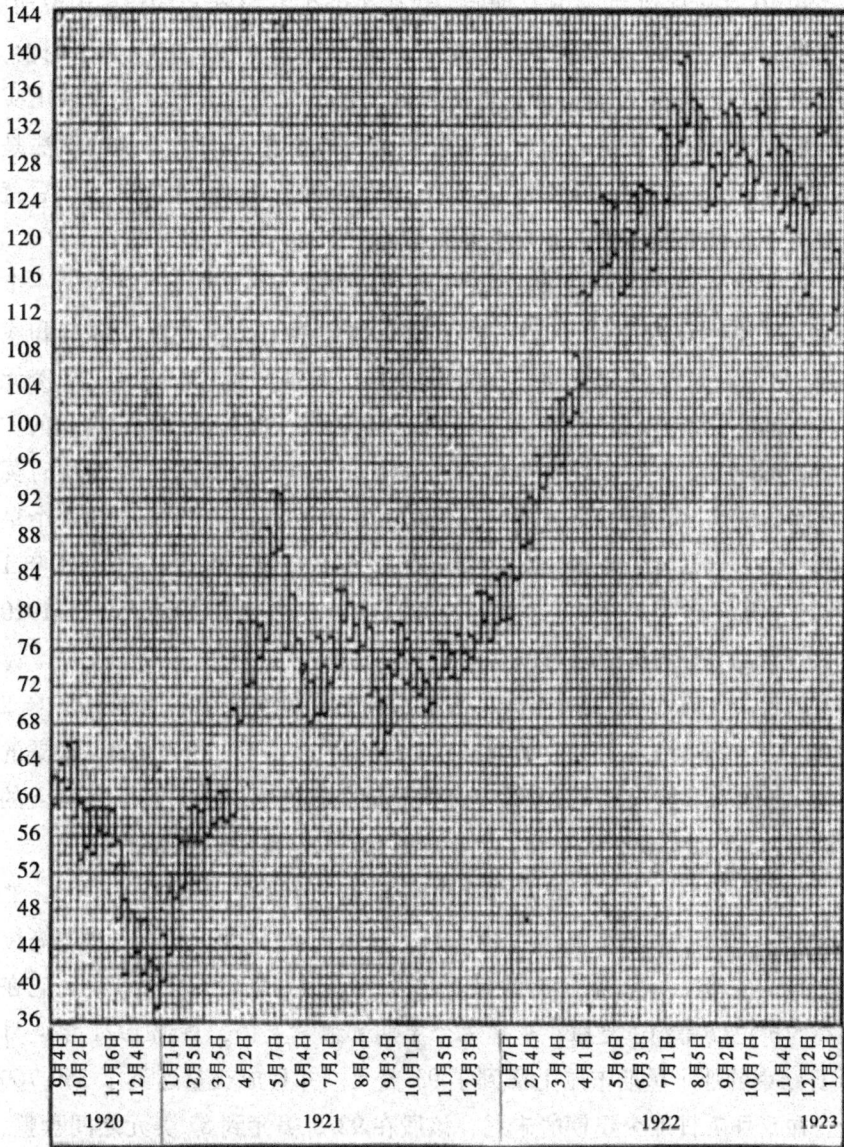

股市行情变化图2 斯图特贝克股每周高位和低位

(1920年9月4日—1923年1月6日)

在 10 月 9 日到 11 月 6 日期间，该股股价在 2 ~ 3 个点的幅度内波动，每周都会上涨到 59 美元左右。此时如果你紧盯着大盘，就会弄不明白，不知道每次上涨到 59 美元后是否还要涨，光是看盘的人怎么能判断出买进的数量能否使股价突破这个点呢？当遇到这种情况时，正确的做法是卖出做空，并在比这一价位高 1 ~ 2 个点的点位上下一张止损单，然后就等着供给或需求迫使股价上升或下降了。

在这种情况下，11 月 20 日股价很快下跌到了 41 美元，之后的一个星期又反弹到了 48 美元，然后每个星期都达到了一个更低的顶部和底部。在 1920 年 12 月 25 日那个星期的末尾，其顶部价位只有 41.75 美元了，底部价位则是 37.75 美元。虽然成交量很大，但是该股的点位比前一周下降不超过 2 个点，而且收盘价很接近前一周的最高价，说明这时买入比卖出要好。在后一个星期，其价格上涨到 45.5 美元，高于前两个星期的价位，但从 47 美元涨到 48 美元的过程中遇到了阻力。在 1921 年 1 月 8 日，股价终于升到了 52 美元，并且继续上涨到了 59 美元——1920 年 10 月和 11 月形成的阻力位。

因为这一阻力位，斯图特贝克股回跌到了 55 美元左右，直到 1921 年 2 月 19 日那个星期的末尾才有所突破，上攻到了 62 美元，这表明这只股票的走势又一次向上前行了。如果你已经把股票全部卖出，而且在以 60 美元的止损单做空，就应该已经平仓，并在股票突破这一价位时转而做多了。

注意，该股一连三个星期都在小幅震荡，但没有低于过 58 美元。然后股价又开始上扬，并在 1921 年 4 月 2 日达到 80 美元，比上一次的高位还要高，接着又从 80 美元回调到了 72 美元。但在随后的那个星期，它在更高的价位处得到了支撑，于是每个星期都继续上扬，直到 1921 年 4 月 30 日结束的那个星期末尾上涨到了 93 美元，并且成交量达到了 359 760 股。在 5 月 7 日那个星期的末尾，该股在 92.5 美元到 87 美元之间盘整，成交量达到了227 300股。

回过头来看，从该股在 1920 年 12 月 25 日形成了 37.75 美元的底部开始，每一次的反弹都是从更高的底部开始的。这说明买进比卖出好，而且它仍然没有达到供过于求的水平，直到上涨到 93 美元。这时，大量的成交表明卖出已经足够阻止该股上涨了。我们看到，在 1921 年 5 月 9 日，该股的开盘价是 86 美元，跌破了成交量较大的前两周的价位。这是走势改变的第一个信号，这时你应该卖出并做空。

这一次上涨的幅度有 55 个点，历时 4 个多月。在这期间，从每周的行情变化图上看不出走势有什么变化；然而在这期间你如果经常看大盘，就会觉得有几十次卖出做空的机会可能会让你亏钱。为什么呢？这是因为仅半个小时、三个小时或三天的下跌行情会让你错以为走势已经发生了变化。

斯图特贝克股走势下滑后，股价狂跌到了 1921 年 5 月 28 日的 70 美元；之后连续三四个星期都有小幅震荡，但只下跌了不到 2 个点，这说明该股得到了支撑。所以，在 6 月 9 日一度反弹到了 82.5 美元。这一价位维持了几个星期后，再次受到大量卖出的压力，走势再度开始下跌，8 月 25 日跌到了 64.75 美元。然后，股价强力反弹，并在 9 月 10 日达到 79 美元，之后连续五六个星期缓慢下跌到 70 美元，再后来的六七个星期成交量很小，震荡幅度也只有 4 个点左右。

最后，在 1921 年 12 月 10 日，该股的股价超过了 9 月 10 日形成的价位，却停在了 7 月 9 日至 16 日曾经达到的 82 美元左右。1921 年 12 月 16 日以后上扬开始了。长时间的小幅震荡表示有人在建仓。股价继续上攻，阻力位也不断上扬，在 1922 年 4 月 22 日股价达到了 124.5 美元；在迅速回落到 114.25 美元之后，又再度抬升到了 125.875 美元，比先前要高，但股票有小幅下跌且交易量很小。在 6 月 17 日，该股跌到了 116.625 美元；但这一支撑价位仍然高于 1922 年 5 月 13 日所达到的 114.25 美元。

之后，成交量的增加和大幅度的震荡开始了，其股价于 1922 年 6 月 19 日上涨到了 139.375 美元，在这之前的两个星期里成交量达到了 40 万股。此外，股价从 116.625 美元升至 139.375 美元的总成交量达到了 160 万股，几乎是已发行股本总量的三倍，或者说是流通股总量的五六倍。这清楚地表明该股正在派发，普通股民们在大量买进，而内部人士却在卖出。

1922 年 8 月 12 日，该股的股价跌到了 123 美元，但成交量只有 11 万股。接下来的一个星期，股价的波动幅度只有大约 4 个点，成交量减少到了 4.6 万股，这表明卖出的压力还不能造成大暴跌。在 9 月 30 日，它先是上升到 134 美元，接着又下跌到 123.75 美元，但仍然没有跌破 8 月 12 日的价位。

在这之后，该股又开始了快速上涨，在 1922 年 10 月 14 日这周的末尾涨到了 139.375 美元，这是同年 7 月 19 日曾达到的价位。这个星期的成交量是 20.5 万股，这表示有人正在卖出，此时你应该卖出股票转为做空，并在比原价高出 1~2 个点处下止损单。接下来的一周成交量是 24.2 万股，且股票下跌到 129 美元。这清楚地表明此时卖出多于买进。股价继续下跌，但在大约 123 美元到 122 美元的价位上遇到了强劲的阻力，在这一价位上维持了两个星期。

在 1922 年 11 月 25 日，该股终于快速跌到了 116 美元，并在其后的星期一，也就是 11 月 27 日跌回了 114.25 美元，这曾是同年 5 月 13 日调整时的低价位，而此时，单纯地站在股票行情收报机旁盯着大盘的人可能已经不记得这一点了——这一价位曾经是该股获得支撑的价位，这只股票正是从这个价位止跌反弹、不断创出新高的。但是，那些把大盘记录绘制成行情变化图的人肯定会盯着这一点位。当股价跌落到 114.25 美元时，大盘显示该股被大量成交。这清楚地表明，这个价位就是支撑价位，这时就应当买进股票，并在比原来 114.25 美元的阻力位低 1 到 2 个点处下止损单来避免风险。

在 1922 年 12 月 2 日，该股反弹到了 123.75 美元，成交量达到了 24 万股。这说明此时买进比卖出要好。注意，此前的两周内最高的价位是 125.5 美元。在 12 月 9 日这周初期，该股表现非常活跃，成交量也很大；在它宣布股息到达 25% 后，股价上升到了 134.25 美元，而且这周的成交量达到了 50 万股，这也是从 1920 年 12 月卖出价为 37.75 美元以来最高的单周交易量。这清楚地表明，大家正在大量买进，该股正处于活动剧烈的高涨期，而这样的时期一般也标志着上涨或下跌行情的结束。

股价继续攀升，并于 1922 年 12 月 27 日，也就是其派发股息前的两天就达到了新的高位 141.75 美元。在 12 月 30 日这周的末尾，成交量达到了 24 万股。在派发以前的股息后，股价下跌到了 110.375 美元，然后在 1923 年 1 月 2 日又反弹到 119 美元；如果把其支付的 25% 的股息也算进去，这一价位就相当于 148.75 美元了。

1922 年 5 月 13 日和 1922 年 12 月 30 日期间的成交量超过了 700 万股，震荡幅度在 114.25～141.75 之间，这是由交易量造成的。在该股股价超过 100 美元后，股本在 27 个点的涨跌范围内转手了 15～20 次，这说明该股正在派发，股票将开始长期下跌的趋势。所以，投资者不能只看到该股支付 10% 的收益并承诺 25% 的股息就买进这只股票，而应该卖出并做空。

现在的问题是，如何判断该股在 1923 年 1 月的趋势呢？在上涨到 119 点之后，该股就开始下跌，这时应该卖空，并在 120～121 美元的价位处下止损单。114 美元的阻力位被打破之后，股票处于下跌趋势，当股价跌破 1922 年 12 月 29 日的价位 110 美元时，该股处于弱势。这时候，你就要继续跟踪这只股票，直到出现成交量和时间因素等支撑信号。这里所说的时间因素，指的是该股必须在一个阻力位上维持几个星期而不下跌。斯图特贝克股派发所需的时间是八个月左右（从 1922 年 4 月到 12 月）。注意，建仓的最后阶段，股票售价在 65 美元左右，并在 65～80 美元波动；建仓用了六个月（从 1921 年 7 月到 12 月）；该股从 1921 年 8 月 25 日的最低点位上升了 76 点，如果把股息算进去，就是上升了约 84 点。

这一规则和推理方法也适用于判断任意一只股票的走势。在吸筹或派发期间，一直盯着大盘的人肯定会被愚弄几十次，总想要跟进那些毫无意义的小行情从而犯错。所以，正确的看盘方法是绘制一份反映三天到一个星期的股市行情变化图，并记录成交量，当然还要考虑到该股已发售的总量和流通股的供应情况。我再强调一次，正确的看盘方法，就是不要时刻紧盯着大盘。

专家解读

　　怎样看盘呢？江恩给出的建议就是"不要时刻盯着大盘"，因为那样你会无数次地被愚弄。相信读者都有过这样的经历：手中的个股走势正好，无奈大盘开始步入下跌期，由于担心个股承受不住大盘的压力，只好清仓出局。但是，最后的走势大家也都知道，该股逆势上涨并创出了新高。交易者除了捶胸顿足之外，内心深处那种挫败感是很难消除的。关于看盘，我给出的建议是，减少看盘，从内心深处过滤掉日常波动的杂波，跟随自己个股的趋势，当个股没有发生快速价格涨跌之时，不予理睬。倘若你真能做到这一点，就称得上是一位成熟的交易者了。

第十五章　大盘走势结束的信号

大盘揭示的规律

　　大盘所揭示的规律不可能在一天、一个星期或一个月之内就全盘托出。从一只股票进入买进或卖出区域的第一天起，大盘就开始揭示其真实的情况，但是要揭示背后全部的真实情况、汇总所有事实、完成建仓和派发以及最终发出新一轮行情将要出现的信号，都需要一定的时间。如股票行情变化图 3 所示的美国橡胶股的峰值，这是一个重要且非常有价值的例子。

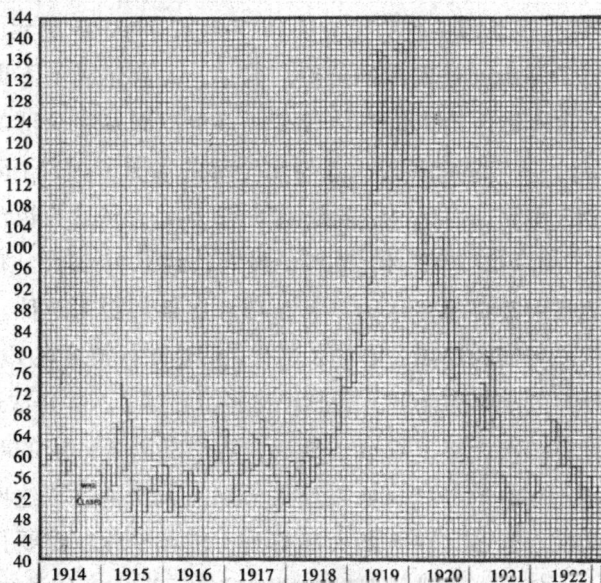

股市行情变化图 3　美国橡胶月度峰值和谷值

(1914—1922 年)

1919 年 6 月，美国橡胶股上涨到 138 美元后回落到了 124 美元，接着又反弹到约 138 美元，在当年 8 月份之前一直保持在这一价位左右。这表明卖盘压力已经足够阻止它继续上扬。9 月份该股股价下跌到了 111 美元，并在 10 月反弹到 138 美元。11 月上升到了 139 美元后，该股又跌到了 113 美元，并在比 9 月的谷值高 2 个点的点位获得了支撑，所以在 12 月反弹到了 138 美元。1920 年 1 月，该股又上涨到了 143 美元，比 1919 年 6 月的最高价位还要高出 5 个点。

一般情况下，创下的新高表明股价还要上涨，本应保持这一势头而不会跌破原有的峰值价位，但是在这个例子中，美国橡胶在几天内就跌到了 136 美元。这说明有卖家正在大量抛售，新的高价位是以做空和外界买进为代价的，1919 年 6 月开始的卖出还在继续，有人在不断供应股票。

1920 年 2 月股价发生了一次猛跌，当跌破低于上一个支撑点的 112 美元时，表明派发已经完成了，一轮大的下跌行情将要出现。在此之前的 1919 年 6 月，当美国橡胶的股价从 1917 年 12 月的 45 美元上涨后，即表明它已经到了开始大量卖出的价位。但是，大盘还显示不出这种卖出结束的时间，也不能告诉人们具体什么时候可以派发完全部的股票。到了 1920 年 2 月，我们就能通过大盘看出全部的情况了。这个时候，该股已经跌破了 112 美元，而且很快就跌到了 92 美元，从此再也没有反弹到 115 美元以上。到 1921 年 8 月，其股价最终跌到了 41 美元。在下跌的过程中，伴随的是大盘在承受压力，且顶部和底部都越来越低。大盘一直在逐渐地显示出行情的规律，但它并没有表明这轮行情会在 1921 年 11 月结束。在三个月的小幅震荡后，其股价又开始上扬了，并再次达到新高。

可见，任意一次大幅上扬或下跌后，我们都需要一定的时间去弄清下一轮大行情什么时候开始，如果想每天都从大盘上读取这些信息，就会被误导很多次。因此，在判断大趋势是否已经变化、重要行情是否已经开始之前，必须耐心等待，直到看到明确指示为止。公司的股本越大，已发售的股票越多，完成吸筹和派发所需的时间就越长。在判断股票处于吸筹期还是派发期时，必须考虑到时间的长短，以及股价从高位或低位涨跌的总点数。

在美国橡胶从最低点位上涨了100点，并在同一高位调整了八个月之后，又经历了1919年11月令人恐慌的下跌，这明确表示牛市已经结束了，不能再指望美国橡胶继续上涨到更高的价位。但在做空之前应该先耐心等几天，看价格是否能得到支撑。了解每天和每周的高低价位行情图和总成交量，有助于判断行情是否是虚假的，以及趋势能否发生变化。因为，这种多次上涨到新的高位的行情会导致空头平仓，使股票在技术层面上处于弱势。

吸筹与派发的时间

如果一只股票的吸筹或派发需要几个月的时间才能完成，那么两者之间的过渡就仍需要花几个月的时间。不是所有股票在第一次反弹时就应该卖出，也不一定就是第二次或第三次。在供过于求的局面出现或内部人士愿意卖出之前，必须有人买进股票，股市必须得到支撑。然后，根据股票的不同种类，股价就会出现小幅或大幅的波动，直到派发全部完成为止。

股票开始下跌时也一样，要使人们相信一只售价为140美元的股票正在下跌100个点，需要很长一段时间。有些人会在股票下跌10个点时买进，有些人则在下跌30、40或50个点时买进。他们当时会认为这只股票非常便宜，因为他们记得这只股票曾经卖到过140美元。结果呢，当股票继续下跌时，他们都恐慌了，只好全部抛售，于是导致股价最后一次狂跌10~30个点。

只要人们学会观察和等待，就能赚到更多的钱。但是，很多人总想着一夜暴富，结果反而赔光了本钱。他们只是按照希望来买进或卖出股票，而不是依据合理的理由。

专家解读

　　本章通过介绍美国橡胶单只股票的完整运作过程，向读者传递了这样一个信息，即在个股的炒作周期中，建仓和派发过程所需要的时间最多。

　　第一，撇清了个股与大盘关联的密切程度，个股不等于大盘。

　　第二，派发和建仓完成之后，市场会给出明确的信号。很明显，建仓完毕突破的股票是买进时机，派发完毕下跌的股票是做空良机。

　　这里，江恩用来作出判定的关键价位就是"高成交量，大幅波动的颈线位"。对于读者而言，最难的不在于判定趋势是否形成，而是发现之后跟随趋势的勇气和耐心。

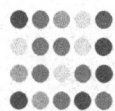

第三篇

怎样判断股票的走势

读书不是为了要辩驳，也不是为了盲目信从，
更不是去找寻谈资，而是要去权衡和思考。

——弗朗西斯·培根（*Francis Bacon*）

在股市，一个人只有通过买进和卖出股票才能获得利润，也就是说，他必须要在恰当的时间入市和退出；另外，还必须特别注意交易开始和结束的恰当时机。抓住了入市的好时机，却不懂得适时退出，也是毫无意义的。要想准确判断买进或卖出的适当时间，就必须了解股市的情况和你想要入手交易的个股行情。你可以在牛市行情快结束时，通过买进一些股票来获利，而对于另外一些股票，则只能等到熊市股价大幅震荡结束后进行卖空交易才能赚到钱。关于这一点，在本篇第十八章"如何判断强势股"和第十九章"如何判断个股何时处于弱势"中有详细的解释。

　　千万不要仅仅因为其他类型的某些股票价格上升，就买进这种类型中的某一只股票；也不要因为这种类型中的某只股票开始下跌，就匆匆卖出同一类型的另一只股票。要认真分析你打算交易的个股行情，看看其吸筹或派发是否已经完成。在行动前要停下来好好想想，三思而后行，买进之前要认真审查。记住：安全总比后悔强。与其满怀信心地一直持有，直到最后承受巨大损失，不如在损失还小的时候就迅速退出。

第十六章　不同类型股票的走势

密切关注不同类型股票的行情走势非常重要。要想成功，必须与时俱进，跟紧龙头股。要想做到这一点，就得从每种类型的股票中选出几只个股绘制成股市行情变化图，按时更新它们每个月的最高价位和最低价位，以及每年的最高和最低价位。你记录得越多，判断某种类型股票走势的能力就越强。

很多年前，运输和铁路股是龙头股，后来铜业股也兴旺起来，之后，汽车、橡胶和石油股成了龙头股。当然，每隔几年各种矿业股就会出现一次一定程度的繁荣，但它们恰恰是你必须特别小心的一类股票，因为它们或许是所有股票中涨跌程度最不确定的。

在过去几年中，一直做铁路股的人赚不到什么钱，因为铁路股几乎没有什么赚钱的机会。而汽车、橡胶和石油股都有较大的波动，创造了很多交易的良机。

铁路股的辉煌已经过去，在将来也没什么利润了。汽车行业的竞争越来越激烈，不过总会平缓下来，对这个行业的投资能带来较好的回报，但不会有巨额的利润。因此，你要保持头脑清醒，重点关注那些蕴含大量机会、波动较大、能吸引投资者的新股。

在将来，你要注意那些发展迅速的新兴工业，去买他们发行的股票，就像当初那些放弃铁路股转做汽车股而发了财的人一样。有些人在1916年把铜业股全部卖出，在1918年和1919年做石油股，他们也都赚了很多钱。

据我判断，今后的几年飞机股和广播股能给人们带来巨额利润，就像当初的石油股和汽车股一样。化工股在将来也能提供发大财的好机会，因为自战争爆发以来，整个国家在化工方面取得了巨大的进步，化工企业的业务量大大增加了。

大幅的震荡是交易者能赚取大量利润的前提。只要股价每年能上下波动 20~100 点，那么无论做多还是做空都能赚到钱；但要是每年的震荡幅度只有 5~10 点，就没什么赚钱的机会了。

1916 年，铜业股的股价达到了多年来的最高点。但是到了 1919 年，当石油股和工业股达到历史最高点时，铜业股只是略有反弹而已。此后，铜业股的股价便一年比一年低，直到 1920 年和 1921 年才有所好转。如果把这一类股票和一些领涨股的行情绘制成图，就可以看出，铜业股之所以会在 1919 年被大量派发，是因为它们没能反弹到 1916 年的水平。所以，在这些股票长期下跌时对其做卖空交易是对的。

专家解读

不同种类的股票，其活跃程度不同，活跃周期也不同，可分为时令性股票和周期性股票。例如：有些行业具有时令性，只有夏季才有高业绩，如电力和啤酒业，这些企业发行的股票被称为时令性股票；有的属于周期性行业，如受到国际大宗商品交易影响的有色金属以及能源类企业发行的股票。另外，还有的属于政策类股票，比如在国家大力发展新能源政策的有力扶持下，相关股票的走势。

每个时代都有自己的流行股，在流行股横行的时代去炒作温温吞吞的过气股票，绝对是自讨无趣，赚不到钱。同时还应注意，已经疯狂过的个股也不能参与。

股票交易者们，人生苦短，能够独立自主且用于交易的时间不多，只争朝夕吧！

第十七章　股市的总体趋势

在股市中，有些类型的股票会随着总体趋势上涨和下跌，而有些类型的股票则长期与总体趋势相反。很多年来，道琼斯 20 只铁路股和 20 只工业股都是主要趋势的最好代表，但由于在纽约证券交易所上市的股票数量已经从 100 只增加到了 700 只，自然就会有很多股票表现出与股市的总体趋势相反的走势。因此，在研究这些股票的走势时，就要抛开整个股市的总体趋势。

在 1922 年 10 月到 11 月间，总体股价下跌时就有这样一个例子，当时鲍德温、克鲁塞波钢铁、斯图特贝克和美国钢铁等活跃的领涨股都狂跌不止，而大陆罐头（Continental Can）公司的股票却几乎天天都在上涨。股市行情变化图 4 反映的就是大陆罐头股在当时的情况，从图中可以看出，其走势与鲍德温机车（Baldwin Locomotive）等股票完全不同。该股已经涨到了新的高价位，而且能清晰地看出它还会继续上涨，这种走势与总体趋势明显相反。在谈到滞后股和那些在吸筹或派发最终完成的前后停止变动的股票时，我就已经解释过这种现象了。

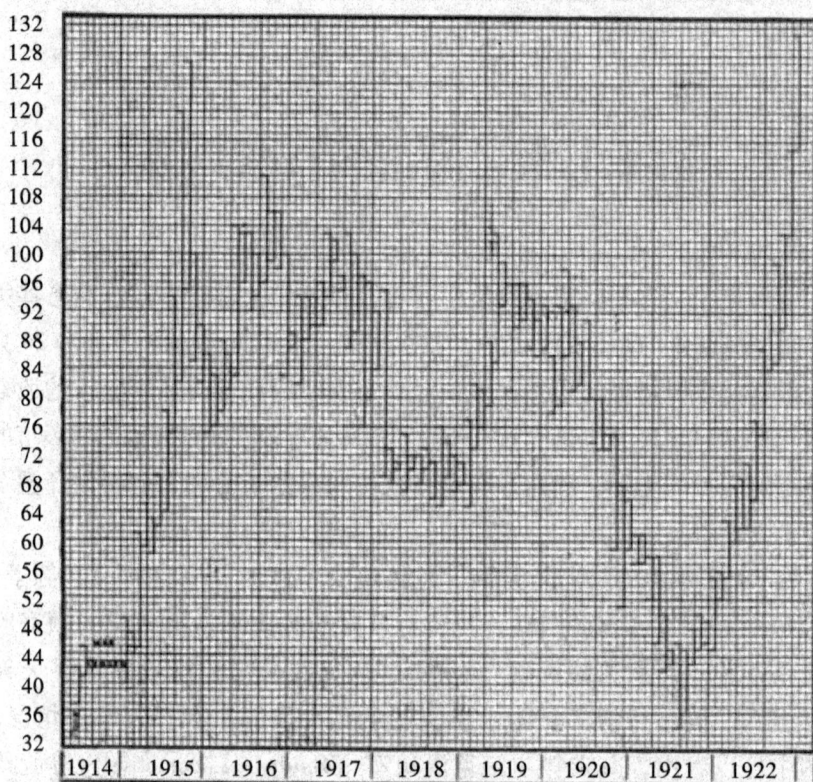

股市行情变化图4　大陆罐头股月度峰值和谷值
（1914—1922 年）

如果 1922 年 11 月总体股价下跌时，你一直都在卖出鲍德温机车、克鲁塞波钢铁和其他领涨股，就能赚到大笔利润，同时买进大陆罐头股也一样能赚很多钱。很多交易者觉得大陆罐头股股价很高，虽然在上涨却没有派发股息，于是傻乎乎地把它卖掉了。这种做法直接违背了我所说的"卖出弱势股，买进强势股"的规则，这条规则就是针对具体个股的趋势来说的。只要你密切关注每天的最高价和最低价，认真研究每周和每月的股市行情变化图，就能准确判断股票由强转弱的时间。

专家解读

对于股市整体形势的研判，似乎不应该是普通市场参与者所要担负的使命，但是对于国家整体经济形势的研判，相信参与市场的人都应有所了解。股市提前反映了国家经济形势的整体状况。在我国经济高速发展的三十年间，我们根据股市的表现得出两种推论：

（1）股市并不是国民经济的晴雨表；

（2）过于严苛或者宽松的管理制度会导致股市一蹶不振。

整体而言，我国股市的前景是乐观的。所有的波段震荡都是暂时的，放眼未来，随着国力和人民手中财富的累积，股市有可能实现长期牛市。

第十八章　如何判断强势股

要在正确的时机买进正确的股票，就要选择在某一领域走势最强的个股。因为走势最强的个股在牛市中自然会领涨，而走势最弱的个股在熊市中自然会领跌。

斯图特贝克

如果你在 1920 年或 1921 年观望等待买进一只汽车股，就可以关注一下斯图特贝克股。该股在 1917 年的最低价位是 34 美元，1918 年的最低价位还是 34 美元。1919 年它的最高价位是 152 美元。1920 年 12 月，它跌到了 38 美元——在 1917 年和 1918 年支撑价位的 4 个点以上，这说明该股此时走势很强。然而，所有汽车类的股票在 1921 年春并没有发出已经触底的明确信号，斯图特贝克股却带头上涨了。

1921 年 4 月，该股的股价升到了 93 美元，又在接下来的 5 月到 8 月不断下跌，带领着所有汽车股全都创下了新低。在 1921 年 8 月，即使大盘最终跌至谷底，斯图特贝克的卖出价位仍然保持在 65 美元，比 1920 年 12 月的最低价位还要高 27 点。而其他汽车股的股价全都低于 1920 年到 1921 年初的售价。这就是斯图特贝克股得到了强力支撑的信号，否则它不可能在其他股票都受损时上升 27 个点。

接下来的几个星期该股都在 65 美元到 72 美元之间平静地小幅震荡，可以明显看出它得到了很好的支撑，正在建仓。如果你一直在等着再次买进的时机，这时就可以入手了。在那之后，斯图特贝克股不断上涨，每个月的顶部和底部都有所提高，从股市行情变化图 2 可以看到这一行情。

1922 年 5 月 16 日，该股调整的最低价位是 114.25 美元，6 月 12 日的最低价位是 116.625 美元，8 月 11 日调整的最低价位是 123 美元，到 9 月 29 日，最低价位达到了 123.875 美元，说明底部还在攀升。1922 年 11 月 27 日，最低价位又跌回了 114.25 美元，这一价位也是这一年 5 月 11 日和 16 日的支撑价位。在 12 月份，该股从这一价位反弹到了全年的最高价位 141.75 美元。

1922 年 11 月，该股公布的股息为 25%。由于它在这一年 6 月份已经派发 10% 的股息，所以除了额外 1.5 美元的分红之外，这应该就是该股早已贴现的最后一条利好消息了。1922 年 12 月，除去股息，该股跌到了 110.375 美元，跌破了此前所有的支撑价位，说明其趋势已经开始走下坡路了。所以，从这时起每次遇到反弹都应当卖空。虽然在开始长期下跌之前，可能还会有几个月处于派发区域，但截至撰写本文的时间来看，我们已经能非常明确地推断出该股即将下跌了。

铁路股

股市行情变化图 1 显示了 20 只铁路股的年度高位和低位，从中可以看出，这些股票的最高价位出现在 1906 年。在 1907 年的大恐慌后，它们在 1909 年反弹上涨到了只比最高价低几个点的价位，接下来这些股票就又开始下跌了。通过图 1 还可以看出，在工业股创造了历史最高价位的 1916 年和 1919 年，铁路股也只是稍有反弹而已。实际上，在 1916 年的反弹之后，铁路股的底部和顶部就开始逐年下降，直到 1921 年 6 月才有所好转。

在股市行情变化图 1 上可以看到，铁路股的平均指数在 1921 年 6 月触底之后就转而向上爬升了，在这一年 12 月份涨到了 77 美元，这也是当年的最高价位。1922 年 1 月，这些股票调整至 73 美元，又于当年 3 月上涨到了 78 美元，比 1921 年的价位要高，而且这也是自 1916 年以来平均指数价位第一次在年度股市行情变化图上形成了更高的顶部。实际上，1916 年股价反弹之后也只比 1915 年的最高价位高出 4 个点。铁路股的大趋势从 1909 年到 1921 年一直都在下跌。所以，当这些股票最终升到一个新的最高价位时，就明确显示出趋势已经发生了变化，股价将要开始上涨了。1922 年 10 月，这些股票的平均指数升到了 93 美元，与 1918 年和 1919 年的最高价位相同，此时，它们在这个价位上遇到了阻力。

假设你在 1921 年就知道铁路股肯定会在某个时间触底，并且正在寻找走势最强的股票准备买进，就可以参看股市行情变化图 5——纽约中央公司股行情变化图。

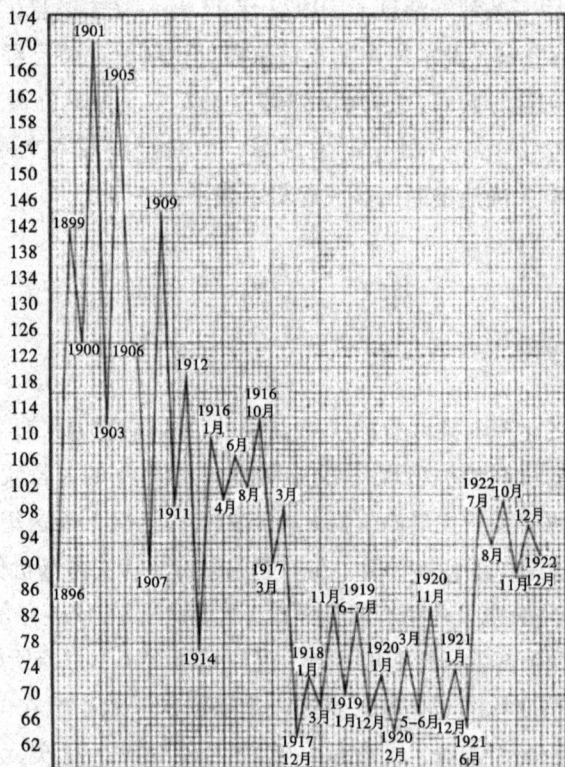

股市行情变化图 5　纽约中央公司股行情变化图
（1896—1922 年）

纽约中央公司

　　纽约中央公司股已经上市很久了，你可以找到这只股票多年来的行情记录，从中可以看到该股是如何建立吸筹区域和派发区域的。1893 年，该股的最低价是 90 美元，1896 年的最低价是 88 美元，1907 年的最低价是 89 美元，而 1908 年的最低价是 90.125 美元。这表明，该股在 88 美元和 90 美元之间能够得到强力支撑，即使在 15 年的恐慌萧条时期，该股在这一区间上下也都一直有人买进。

　　1914 年，该股跌破 88 美元并一路跌至 77 美元，在打破了如此多年的支撑之后，非常明确地表示该股即将开始持续下跌，应对它进行卖空操作，而且应当在再次买进之前寻找新的支撑价位。

　　1917 年，铁路股跌破了股市恐慌的 1914 年和 1907 年的股价。实际上，平均指数也创下了 20 年来的新低。由于战争爆发，联邦政府不得不接管了铁路来处理战时业务。

　　1917 年 12 月，纽约中央公司股跌到了 63 美元的最低价位，1920 年2 月份的最低价是 65 美元；而到了 1921 年 6 月，该股的售价仍然是 65美元。这表明过去四年当中该股已经在这一水平上获得了支撑。然而，从 1920 年到 1921 年，南太平洋公司（Southern Pacific）、大北方 Pfd.（Great Northern）、北太平洋、诺夫科和西部（Norfolk & Western）、密苏里太平洋（Missouri Pacific）、瓦巴西 Pfd. A（Wabash Pfd. A）以及其他铁路股都创下了历史新低。虽然铁路股的平均指数已经比 1917 年恐慌时期的股价低了几个点，但纽约中央公司的股价并没有下跌。这又是一次买进的好机会，但应当在比原价 63 美元低 3 个点处止损。

　　纽约中央公司股在 1917 年至 1921 年间的最高价位是 84 美元。在 65 到75 美元之间完成吸筹之后，该股于 1922 年 4 月上冲到了 84 美元以上的价位。这是一个表示股价还会大幅度上升的信号，如果你想要进行金字塔式交易，就应当在此价位继续买进。1922 年 10 月，该股的股价达到了 101 美元，此时派发便开始了。该股的底部随即下降，表示趋势已经转而向下了。

圣保罗（St. Paul）——这也是一只在 1909 年至 1921 年逐年下跌的铁路股。有迹象表明，该股吸筹已经有一段时间了。截至撰写本书的时间，其普通股和优先股都处于上升的趋势。

洛克岛（Rock Island）——在 1917 年 12 月创下了 16 美元的低价后，其股价每年都有所上涨。要注意它在 1922 年领涨和再创新高的方式。这也是选择要买进的股票的方法，当股市的走势转而向上时，那些在萧条的年份股价不跌、反而底部不断上升的股票肯定会带头领涨。

南方铁路——这是另一只目前走势非常强劲的股票。自 1913 年以来，该股的底部价位不断抬升，表明该股股价将会继续攀升。

太平洋联合——在 1907 年的股市恐慌中，该股的最低价是 100 美元；1917 年它的最低价是 102 美元。这也是另一只有机会以从前的支撑价位买进的股票。1920 年 2 月，该股的最低价位是 110 美元，6 月的最低价位是 11 美元，并且得到支撑可以继续升高，你可以买进但需要在 110 美元处止损。

可以看出，在 1907 年到 1921 年这段时间，每次股价大幅下跌时，太平洋联合股却都能得到越来越高的支撑，而许多其他铁路股的股价却一年比一年低。这种现象表明，其他股票的走势较弱并且没有得到支撑。1922 年 9 月，太平洋联合股反弹到了 154 美元，而派发也就从这一价位开始了。

买入价和卖出价

同一类型的股票应当依照同样的标准来运作，这样才能确定这类股票中走势最强和最弱的个股。如果你手上有某只个股多年的行情记录，只要看一看该股在恐慌时期获得支撑的价位，以及在繁荣时期遇到阻力的价位，很容易就能确定买进或卖出该股的安全价位，并把风险缩小到

2 ~ 3个点。

美国罐头（American Can）——1914 年 7 月该股的最低价是 20 美元，1915 年 10 月上涨至 68 美元，1916 年回落到了 51 美元，随后又再次升至同一个顶部 68 美元。该股在这一价位上停留了几个月的时间，没有继续上升，这时你完全有机会把该股全部抛出转而做空。1917 年股市恐慌崩盘时，该股曾跌至 30 美元；1919 年 9 月再次上升到 68 美元后，在该价位又停留了将近两个月的时间，一直没有创出新高。这又是一次抛售转而做空的机会，但需要在比原价高 3 点的位置止损。

1920 年 12 月，该股跌至 22 美元，比 1914 年的支撑价位高两点。随后股价反弹至 32 美元，但在 1921 年 6 月，又再次跌至 24 美元，并在这一稍高的价位上获得了支撑。此后连续四个月该股都在 24 美元到 29 美元之间小幅震荡，这明确说明了该股正在吸筹。这时你可以在此价位再次买进。

1922 年秋，该股上涨超过了 68 美元这一原有阻力位，这说明其股价将继续上涨，这时你应当继续买进。

美国机车（American Loco）——1920 年 12 月，该股最低价位是 74 美元，1921 年 5 月反弹至 91 美元。1921 年 6 月，该股跌至 74 美元并在该价位获得了支撑，这时你就有了一次买进该股的机会，但应在原价位止损。1922 年 4 月，该股涨至 117 美元，这是该股在 1919 年 10 月曾达到过的最高价位。这时，你应该全部抛售做空，并在 120 美元或者比该股的高位高 3 点的点位止损。之后该股跌落至 109 美元，并在此价位上小幅震荡了几个星期，却没能超过 108 美元的支撑价位，即该股在这一年 3 月和 4 月达到的价位。

1922 年 8 月，该股升至 118 美元，超过了多个原有价位，这表示股价将继续走高。1922 年 10 月，该股果然涨到了 136 美元。而此时由于遇到大量抛售，该股趋势急转直下。1922 年 11 月，该股跌至 116 美元，即在 1919 年 10 月、1922 年 4 月和 5 月曾先后三次形成的阻力位。当一只股票第一次回调到以前的高位时，几乎总会得到支撑，只要股价一直处于原来的阻力位以上，就可以认为其主流趋势是上涨的。

专家解读

投资大师菲利普·费雪（Philip Fisher）曾写过一本叫做《超级强势股》的书，书中从内到外，从报表到经营，从护城河到走势，详尽无比。相信很多右侧交易者，或者趋势交易者，都读过这本投资的经典巨著。在江恩看来，超级强势股的概念不牵扯基本面，只讨论该股的走势与同期的指数，将这两项相比较处于强势地位即可。很多股票软件上都有个股和大盘的 k 线对比图，交易者可以很方便地判定该股的强和弱。我常听很多交易者抱怨，自己持有的股票大盘大涨它小涨，大盘小涨它平盘，大盘平盘它下跌，大盘下跌它暴跌。这种明显的弱势股，交易者应该从心里摒弃它，尤其是在 A 股市场只能单边做多的环境下，更应如此。现在的问题是，当大盘或指数不如下行通道时，为数不多的个股仍在上涨，此时交易者不买的理由是怕它会补跌。大盘下跌时主力顶风作案的可能性只有一个，个股确实有支持它走强的内在缘由，即超级强势股。这种现象持续的时间越长，证明该股的超级强势股的血统越纯正。交易者必须克服"恐高"心理，敢于骑上超级大黑马，而不是望马兴叹。读过江恩其他一些著作的人应该知道，他基本上就是一个追逐活跃强势股的交易者。

第十九章 如何判断个股何时处于弱势

你肯定很想知道哪些个股走势最弱，因为在熊市中，用这样的股票做空是最安全的。最先表现出弱势的那些个股会在熊市中领跌。当走势从顶部开始走下坡路，且股价已经下跌了一段时间后，接下来就会跌破某些重要的支撑点位，预示着将会有更大幅度的下跌。

工业酒精股

1915 年 1 月，该股从每股 15 美元的低价位开始上涨。1916 年 4 月，该股涨到了 170 美元，于 1917 年又涨到了 171 美元；1919 年 5 月，该股又再次上攻至 167 美元。1919 年 8 月，该股下跌至 120 美元；10 月份最后一次上攻到了 164 美元。在股市行情变化图 6 上可以看到，该股在 167～171美元的卖出价位持续了四年多的时间。

下面我们来看一下支撑点位。1916 年 12 月，该股的低位是 95 美元，1917 年 11 月的低位是 99 美元，1918 年 12 月的低位是 96 美元，1919 年 12 月的低位是 98 美元。这段时间该股正在派发、走势较弱，因为当各只工业股的平均指数在 1919 年达到历史最高价位时，该股却没有达到其曾在 1916 年和 1917 年达到过的高价位。由此可以推断出该股的走势将要大幅下跌。

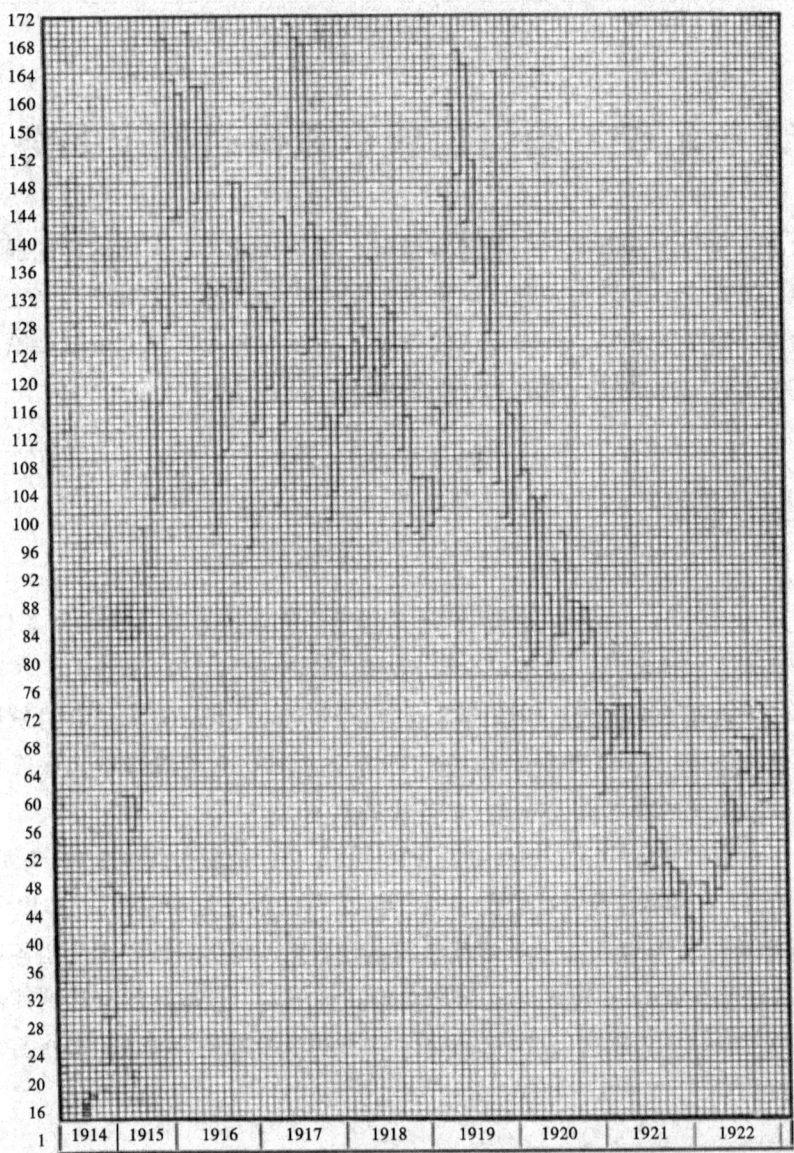

股市行情变化图6　美国工业酒精股月度峰值和谷值

（1914—1922 年）

该股在跌破95~99美元的支撑价位后又跌到了78美元。在这之后，该股曾一度反弹到102美元，但不久又开始持续下跌，直到1921年11月才有所好转。当其他股票在1920年12月、1921年6月和8月先后出现低价位时，工业酒精股跌到了35美元。所以，如果在股票处于最弱势时就选中它，且只要趋势再次走低就继续跟进，这时进行空头交易就可以赚到很多利润。

注意，你会有很多次机会能够以96~100美元的价位买进这只股票，并且有很多次机会以接近165~170美元的价位卖出，每次通过做空和做多都能获取利润。然后，当该股最终跌破96美元左右的支撑价位时，股价又跌了50多个点。我再次提醒，只要走势看跌，不管价格多低都可以卖出；只要走势看涨，不管价格多高都可以买进。

当工业酒精股跌到35美元之后，有大约两个月的时间一直都在5~6个点的幅度内波动，而其高位和低位也不断上涨。1922年10月，该股股价达到了72美元。由于在1921年它是最后抵达最低价位的几只股票之一，所以自然也将是最后结束上涨的股票之一。

在其他股票纷纷触底的1921年6月和8月，如果你已经做空了这只股票，那么就不应该在该股股价逐月下降、走势明显看跌的情况下平仓，至少应当等到股价高于前一个月42美元的价位，即已经高于其在1921年12月的最高价位再平仓。

大西洋湾和西印度群岛股

这是一只在1919年的牛市上曾显著攀升的股票。注意，该股在1917年和1918年间的支撑价位为88~92美元，你可以在这样的价位上多次买进，并在其上升15到20点时卖出赚取利润。从1917年开始到1919年初，该股存在着一个顶部，或者说是阻力价位，在117~120美元，在此期间，你都可以将该股卖出做空。1919年2月，该股跌到了92美元，而此前的最低价位是1917年12月的89美元。这时就应当买进，并在过去的支撑价位以下止损。

后来该股开始上涨，并于1919年4月突破了120美元，这说明它还会继续大幅攀升。1919 年 5 月，该股突破了其历史最高价位 147 美元，6 月涨至 188 美元；8 月，该股回落到了 140 美元；但在 10 月又上涨到了 192 美元。

在那之后，该股的高位和底部都开始下跌。1920 年 2 月，该股股价跌至 137 美元；4 月又反弹到了 176 美元。在这一价位上派发了几个月的时间后，最终跌破了 137 美元的支撑价位并继续下跌，而反弹的幅度则越来越小。

1920 年 11 月，该股先后跌破了 92 美元和 88 美元这两个支撑价位。这样，除了 1916 年的最低价位 27 美元之外，该股已经没有其他支撑价位了。1920 年 12 月，该股跌到了 62 美元，在其他股票都在反弹的 1921 年 1 月，它却继续下跌，并最终于这一年 6 月跌到了 18 美元。

这只股票在 19 美元的低位上停留两个月之后，便开始反弹了。1921 年 12 月，该股股价上升到了 36 美元，1922 年 2 月回跌到 24 美元，并在这一较高支撑价位上维持了几个星期。1922 年 5 月，股价上升到了 43 美元；此后又于 1923 年 1 月跌到了 19 美元，并在这一价位再次获得了支撑。这时你就应当买进了，但要在比这一价位低两三个点的点位上止损。

由此可以看出，不管其他股票表现如何，只要你关注的个股表现出弱势，就可以卖出做空，这样做是很安全的。

专家解读

弱势股的判定正好和强势股相反，倘若我们的 A 股市场可以做空，那么这一章节的讨论就颇有意义。本章内容的另外一个意义在于，抛弃幻想，面对现实。我常见到很多交易者，手中持有的股票明显处于弱势，和大盘不同步，但依旧天天画线，找出各种技术指标的底背离，以及成交量的异常现象来支持自己幻想该股即将展开一轮大牛市的理论。最终的结果可想而知。倘若有这样的时间和精力，不如将它们放在对超级强势股的操作上，我想结果一定是收入颇丰。

对于 A 股市场的弱势股，建议交易者屏蔽它们，不闻不问，无论听到什么样的消息都不去关注。

第二十章　怎样判断最终的顶峰和低谷

任何一只或者一类股票在大幅度上涨或下跌之前，都需要很长的准备时间来吸筹或派发。就如建造大楼之前需要花时间做准备、打地基一样，楼房占地面积越大，打地基耗费的时间就越长。股票也是如此，上涨或下跌的幅度越大，所需的准备时间也就越长。

美国钢铁股

以成立于 1901 年 2 月的美国钢铁公司为例。当时，其还是一只新股，该公司也是全球范围内同类公司中最大的。它的普通股全部都是高估的虚股，由于虚股需要定位，所以美国钢铁公司的 500 万普通虚股也就必须得到定位，要达到这种水平得花上很多年的时间。起初，该股从 1901 年的 55 美元跌到了 1904 年的 8.375 美元；在 1903 年 12 月回升到 12 美元之后，它一直都波动在 12 ~ 8.375 美元，直到 1904 年 9 月。在此期间，这种波动大多发生在 9 ~ 10 美元。当时该股处于缓慢下跌的状态，波动范围和成交量都很小，这是该股正在吸筹的表现，这次吸筹需要大约十个月的时间。这样，买家就有了充裕的时间来关注这只股票，并能看出该股正在获得支撑。但你没必要急着买进，因为它正处在为长期攀升做准备的阶段。

回顾 1909 年的最高价位 94.875 美元，我们能够看到该股处于 88 ~ 94 美元时，所有股本都曾多次换手，有时候单是这一只股票的成交量就高达五十多万股，这自然说明该股正在派发。现在，看一下股市行情变化

图7，该股于 1916 年 11 月达到了最终高位 129.75 美元；当时的震荡幅度和成交量都很大。1916 年 12 月，该股跌到了 101 美元，但又在 1917 年的 1 月和 2 月初反弹到了 115 美元；在 1917 年 2 月 3 日，当德国宣布发动潜艇战时，该股马上跌落到了 99 美元——只比前一年 12 月的最低价低了 2 个点。之后，该股便开始上涨，到 1917 年 5 月，该股已经涨到了 136.625 美元。

美国钢铁股在这一高位左右的成交量超过了 1500 万股，也就是全部股本的三倍。通过 3 点移动股市行情变化图，可以看出该股在派发时的活跃程度以及股价上下浮动的情况。实际上，该股的派发从 1916 年 10 月份开始，一直持续到了 1917 年的 5 月和 6 月。所以，想要把该股全部卖出做空的人有大量的时间来研究这只股票，并确定派发何时结束。该股当时是在为长期下跌做准备，但已经比 1914 年的极低价位高出了 98 个点，而且派发还需要时间。但请注意，派发完成之后该股的下跌异常迅速，到 1917 年 12 月，该股已经跌到了 80 美元。

人们总认为"钢铁股如何发展，股市就如何发展"，也就是说，人们认为美国钢铁股不管涨还是跌，都是领头股。它的确曾在一段时间里充当过领头股，但现在已经不是了。1916 年 10 月到 11 月间，大多数股票都创下了新高，但 1917 年 5 月的价格就要低得多。而美国钢铁股在 1917 年 5 月的价格要比 1916 年 11 月的价格高 7 个点。人们希望自己买的其他股票都能够跟着美国钢铁股攀升到高于 1916 年的价位，结果都被误导而亏了钱。这再一次证明了这一规则："不要因为某些个股走势强劲就去买入不同类别的股票。"

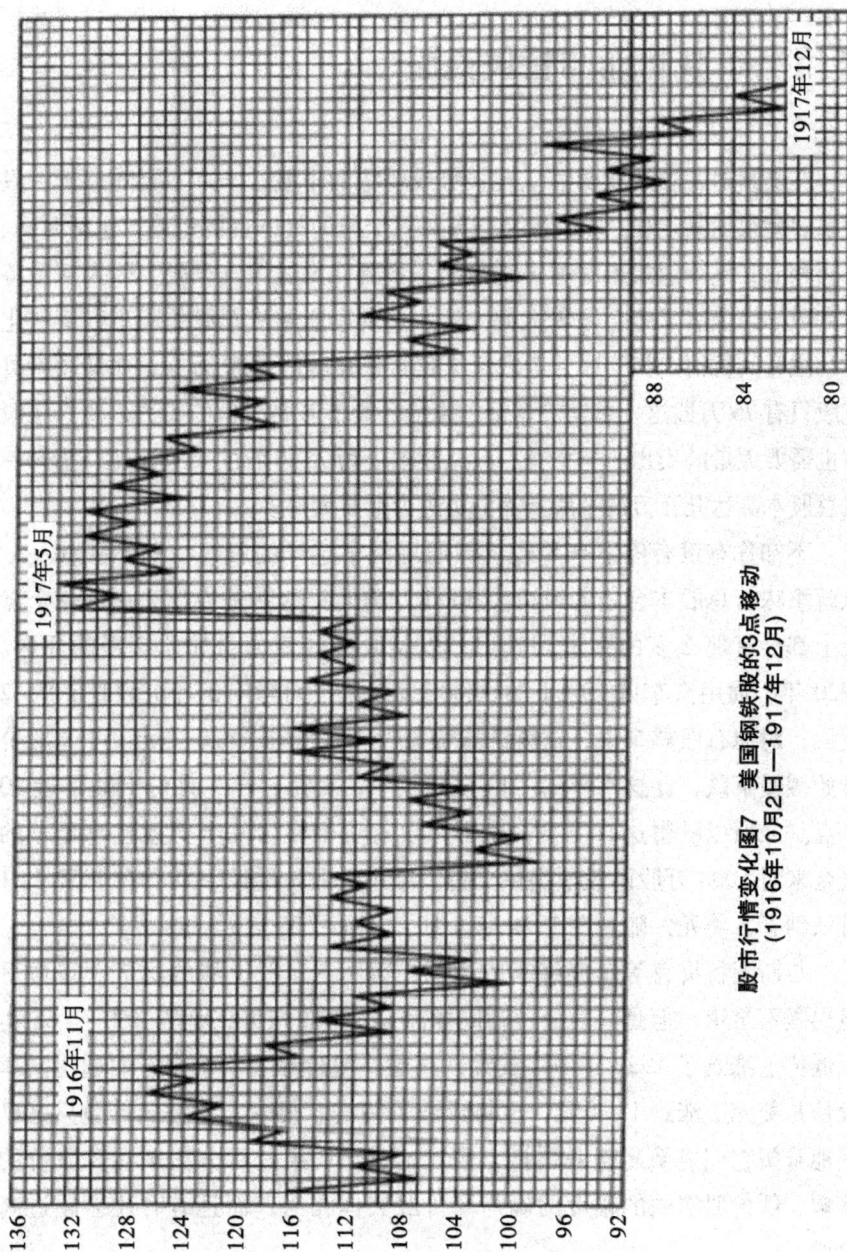

股市行情变化图7 美国钢铁股的3点移动
(1916年10月2日—1917年12月)

通用汽车股和斯图特贝克股

在交易时，要选取明显呈现强势或弱势的个股，千万不要随意选一只股票后就跟随其走势。投资者要根据每只个股的具体行情走势，包括时间、空间和成交量等因素来对其进行判断，不要认为通用汽车股会因为斯图特贝克股已经上涨了就会跟着大幅上涨，要观察通用汽车股的股市行情变化图，注意其行情走势，还要考虑到该股的总股本是5000万股，而斯图特贝克股只有75万股这一事实。切记：要抬升股市需要大量的买进，要打压股市也需要大量的卖出。与抬升一只总股本仅为75万股的个股相比，抬升一只总股本高达几百万的个股所需的买进力量要大得多。

不知你有没有停下来想过，像通用汽车这样的股票，只要涨跌一个点就意味着总股本会增加或减少5000万美元！这就是为什么在每一个点位上都会有那么多的买进和卖出，以及股价的变化会如此缓慢的原因。1920年，通用汽车以10∶1的比例增发股票，而当年3月份的股价是42美元；对原有股票来说，这就意味着每股价值相当于420美元。于是股价开始缓慢下跌，在这一年12月份跌到了13美元，比9月份下跌了近30个点。之所以跌得这么厉害，是因为没有哪个集合基金愿意且有足够的资金来对5000万股的股票提供支持。结果其股价继续下跌，在1922年1月跌到了8美元，随后在1922年6月上升到了15美元。

与斯图特贝克等众多汽车股相比，通用汽车股上涨的这7个点似乎显得微不足道，但是其百分比却同样惊人。斯图特贝克股从1921年65美元低位上涨到了1922年141美元的高位，股价涨了一倍多；而通用汽车股从8美元上涨到15美元，也将近涨了一倍。很多人买进低价股只是机械地希望它们能像高价股那样上涨。不过，如果按百分比来计算股价的涨幅，低价股涨跌的幅度的确与高价股大体相当，而且有时还会超过高价股。

美国熔炼股

下面来看一下美国熔炼公司的走势（如股市行情变化图 8 所示）。从 1901 年 9 月到 1904 年 5 月这样长的一段时间里，该股一直处于吸筹阶段，当时其价格一直在 37 ~ 52 美元。一旦该股的股价突破了这一吸筹区间，就说明将会出现很长时间的上涨行情，而且上升幅度很大。之后该股一路飙升至 174 美元，此间从未出现任何大的起伏。1906 年 1 月，该股的股价达到了高位；接着长达一年的派发便开始了，股价在 174 ~ 138 美元上下波动，最终于 1907 年 1 月向下突破了 138 美元的派发点后迅猛下跌；到 1908 年 2 月，已经跌到了 56 美元。由此可见，在大量买进或卖出，以及在顶部或底部附近剧烈或窄幅震荡很长一段时间之后，必然会出现一轮大行情让你有快速赚钱的机会。那么不管是什么人，想要逆势而动或是在股市开始对自己不利时还满怀期待地固执己见都是愚蠢至极的。

假设在股票开始上涨时，你以 50 美元左右的价格做空，而这一价位已经接近了原有的最高价位。当股价突破 52 美元时，很明显该股显示出了上升走势，这是因为股价已经进入了新的价格区域。如果你决定等待出现股价回落再完成做空操作但股价却并没有回落，反而陆续上涨到 62 美元、72 美元、82 美元、92 美元直至 174 美元，保证金又能带来什么好处呢？你只不过是在把自己的钱往外扔罢了，因为那样做就是在逆势而动。再假设你在股价为 100 美元时开始卖空，准备像很多糊里糊涂的人那样来拉平损失，那么你肯定早已亏得身无分文了。

那些在 1907 年初以 138 美元左右的价格买进该股的人也同样亏了不少钱，因为股价后来跌到了 56 美元。如果这些人想要通过买进股票来拉平价格或是进行买断支付，根本就没有机会，他们不可能摆脱出来。只要回顾一下这些股票往年的交易记录并加以研究，你就会发现，逆势而动或是想要拉平价格并不可行。正确的交易方式是跟着大盘的走势来行动，盈利时就进行金字塔式交易，当股市不利时则不要补仓。再次重申：
一定要迅速止损并积累利润。

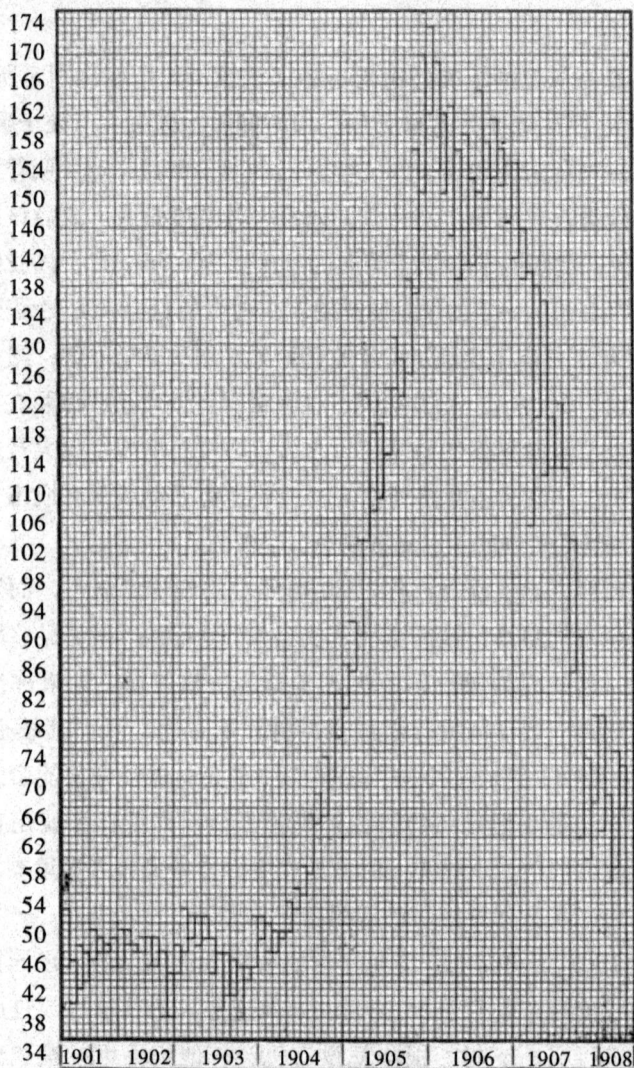

股市行情变化图 8　美国熔炼股的月度峰值和谷值

(1901—1908 年)

累进的高位和低位

如果你手上有关于各类股票的平均指数行情变化图，那么它们一定对你有很大帮助，这样你就能够判断出这些股票何时能达到被支撑或派发的水平。不过，你不能用平均指数去进行交易，要想选定交易的个股和买卖的正确时机，就必须拿到每种股票中某些个股的行情变化图。

对于表现活跃的股票，5~10点的行情变化图能为你显示出股票在什么时间达到顶部或底部。对于那些卖出价在25~60美元的股票，3点行情变化图最能说明问题。而对于那些卖出价在100~300美元的股票来说，5~10点的行情变化图更加适合，这是因为这一类股票的买进或卖出都需要有一个更大的范围。

有时候，一波大的牛市或熊市行情需要几年的时间为其打下基础。假设你在1913年时持有石油股，而且预测某些因素能促使石油股快速上涨，那么请看加利福尼亚保险箱股。

加利福尼亚保险箱（California Pete）——该股在1913年的最低价位是16美元，1915年是8美元，1916年是16美元，而1917年是11美元，并在这一价位上小幅波动了大约4个月。这说明该股在高于1915年最低价的价位上得到了支撑。由此我们可以推断出，该股从1912年的最高价位72美元下跌之后，于1913年到1917年进入了8美元到16美元之间的吸筹期。

该股在1919年上涨到了56美元，1920年11月下跌至15美元，1922年7月又回升到71美元。这就是我们所说的"累进式"底部，即支撑价位每几年就提升一次——该股的支撑价位在1915年是8美元，1917年是

11 美元，1920 年是 15 美元，1921 年是 30 美元。只要一只股票的高位和低位不断往上走，那么其走势就是向上的，跟进这种攀升就很安全。这一规律适用于每天、每周、每月和每年的行情。

墨西哥保险箱——这是另一个"累进式"的低位和支撑价位逐步升高的股票例子。这只股票 1913 年的最低价位是 42 美元，1914 年是 51 美元，1917 年是 67 美元，1918 年是 79 美元。1918 年 10 月，该股第一次大幅上涨，并于 1919 年 10 月升至 264 美元；1921 年 8 月该股跌到了 84.5 美元，仍然高于 1918 年的最后一个底部。这些年来，墨西哥保险箱股一直都在较高的价位得到支撑，这正说明了该股正在准备达到一个极高的价位，然后才开始派发。

对于感兴趣或是想要着手交易的所有个股，你都要这样调查一下，并记录其多年来的交易量。股票吸筹或派发的规模越大，它在顶部或底部停留的时间就越长，上升或下跌的幅度也就越大。下面以玉米制品股的走势（如股市行情变化图 9 所示）为例加以说明。

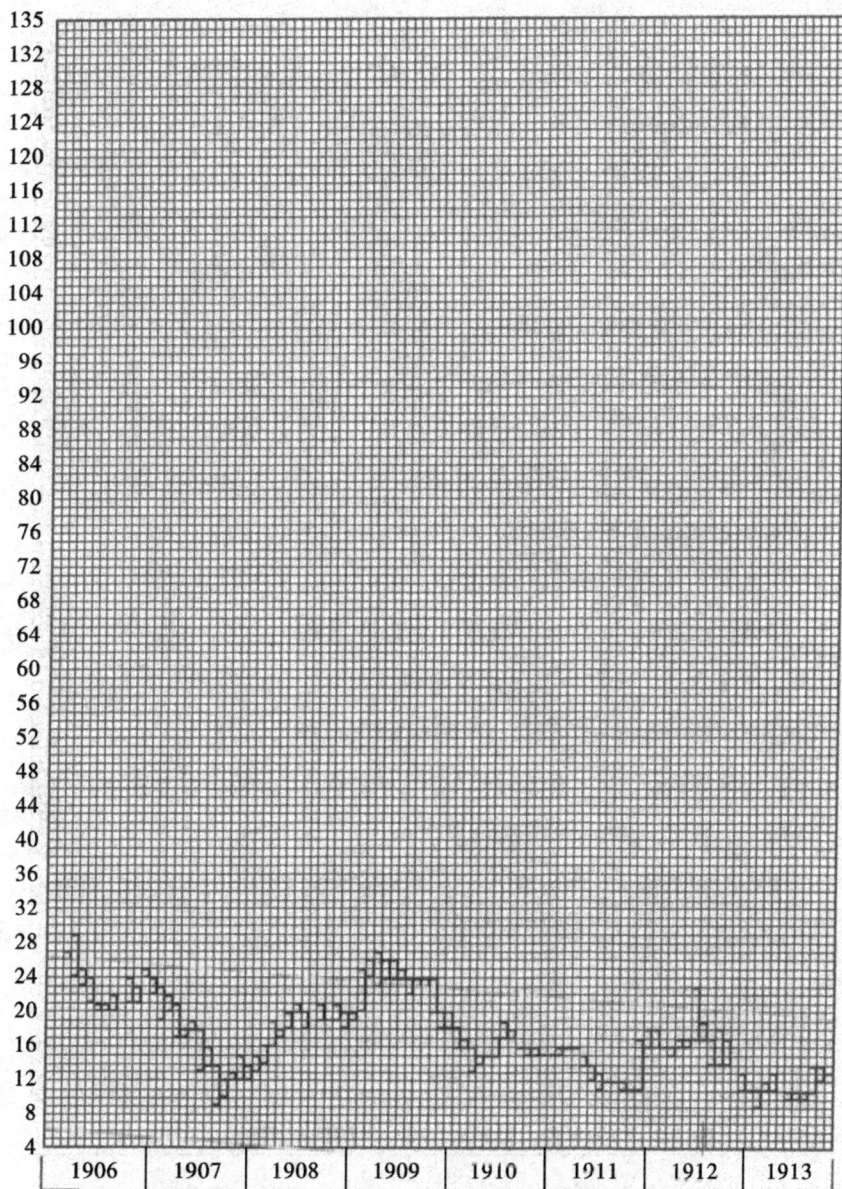

股市行情变化图 9（1）　玉米制品股月度峰值和谷值

（1906—1913 年）

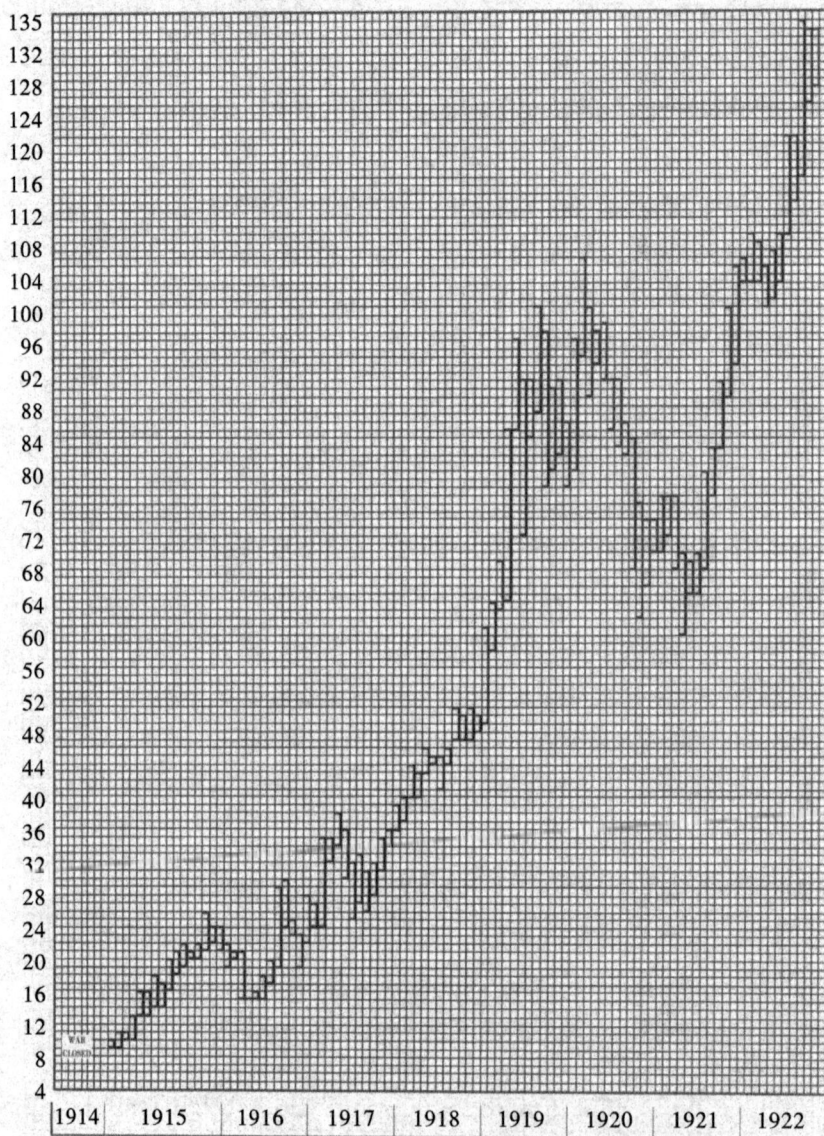

股市行情变化图9（2） 玉米制品股月度峰值和谷值

（1914—1922 年）

　　玉米制品（Corn Products）——1906 年，该股以 28 美元的售价首次上市交易。1907 年，它下跌到了 8 美元，1909 年 6 月上升到 26 美元，1912 年又跌到了 10 美元，1913 年重新上涨到 22 美元后再次跌回 8 美元；1914 年股价反弹至 13 美元，但到了 7 月份，股价再次下跌到了 7 美元。此后，该股涨跌幅度不大，股价在很长一段时间内一直没有超过 10 美元，直到 1915 年春才有所好转。

　　该股最早的支撑价位是 1907 年的 8 美元；1913 年的支撑价位仍然是 8 美元；1914 年，由于战争带来了极度恐慌，其售价是 7 美元，并呈现了很长的吸筹期。1906 年的 28 美元是该股的历史最高价位。但在 1917 年，这一价位被突破了。10 年当中，其股价大部分时间都位于 8～20 美元，这说明该股正处于长期的吸筹期；股价在 1917 年的突破表明了该股即将大幅上涨。

　　1919 年，玉米制品股上升到 99 美元后又回落到 77 美元，然后又涨至 105 美元。1920 年 12 月，股价跌到了 61 美元，又于 1921 年 3 月反弹至 76 美元，然后在 1921 年 6 月下跌到了 59 美元，并在这一比先前底部低两个点的价位上得到了支撑，然后在 1922 年 10 月攀升到了 134 美元。

　　由此可见，这只股票在突破十年来的最高价位之后，表现得空前活跃，再也没有跌落到 24 美元以下，并且在 1920 年稳步上涨到了 105 美元。这一段时间每一次回落的幅度都很小，而底部却渐渐升高，说明该股正处于上升走势。

　　为了卖出或是做空，你必须事先对股票的高位或派发区间进行判断，这与判断吸筹区间与买进的底部具有同样的重要性。你可以参看美国橡胶股的股市行情变化图 3。

　　美国橡胶——该股于 1919 年 6 月达到了 138 美元，7 月份又达到了这一价位，8 月份股价是 137 美元，10 月份再一次上涨到了 138 美元，11 月份涨至 139 美元，12 月份又出现了 138 美元的价位。在此期间，底部价位一直都位于 111～117 美元。1920 年 1 月，该股达到了 143 美元的新高，但很快就下跌了。这说明派发已经结束，一轮长期的下跌行情即将开始。

该股的顶部和底部一开始就逐月下跌，但当股价跌破111美元时，说明该股已经失去了所有支持，派发已经完成。1921年8月，该股下跌到了41美元。而从1914年到1917年间，该股的支撑点位一直都在44～45美元。

你可能会问，为什么有些股票要经过很多年才能达到获得支持或遭受阻力的价位呢？原因就在于操纵这些股票的始终都是同一伙人。他们通常都是一些内部人士，对这些股票的价值非常了解。他们会在某一价位上买进这些股票后持有，等到股价上涨到他们认为足够高的时候在卖出做空；或是等待这些股票跌回到原来买进时的价位，这时他们会再次买进制造下一波行情。因此，要想确定自己所交易的股票过去的支撑价位和阻力价位，你必须非常认真地研究这些股票。

变化的信号

通常，当看到天空乌云密布时，人们就知道快要下雨了，要找地方躲雨。经验告诉我们，云层聚集到一定厚度就必然会有降雨或风暴。股市也如此，如果在股市上看到一段时间内一直都有派发的迹象，就应该将其当作警示信号，赶紧脱身，避免自己因为股价下跌而遭受损失。同样，如果看到一段时间内出现了预示着吸筹的底部信号，就应该补空和买进。

日常生活中，人们会根据树上的果实来判断这棵树的生长情况。那么，你在判断股票行情时也必须依据其本身的迹象和信号，而不是其他股票的表现。一旦看出买进或卖出时机到来的苗头，就要及时下订单，绝不要限定买进和卖出的价格，那样做会让你遭受损失，你会因为0.125点或0.25点而错过一波行情，错失大笔的利润。一旦出现了买进或卖出的时机，就不要拘泥于些许的差价，不要因小失大。

专家解读

能够准确地判定一只个股的波段高点和低点，是很多人梦寐以求的。然而，这个技术非常难掌握。我确实见过这样的人，此人已经六十多岁，在股票市场闯荡多年，大概能计算出每天个股的波动价位，但大部分是大盘蓝筹股，且误差以分计算。在股票市场中什么样的人都有，唯独没有神，能精准地预测出每次波段顶底的人，可以说不存在。波段的顶部和底部是走出来的，而不是计算出来的。

江恩通过对美国钢铁股的论述，告诉人们即使某一板块中诞生了一只牛股，也不要期望其他个股也和它一样走牛。正如追逐强势，捕捉龙头的交易者所认为的，只要龙一，其他一概不看。唯其苛刻，才有收获。虽然那些想吃足波段的想法不切合实际，但是吃到鱼身问题不大。趋势一旦形成，很多交易者会画出趋势线，跌至趋势线买进，跌破趋势线卖出。这样做你只能吃到中间一段，不会从最低到最高点全部吃完。江恩在本章始终强调止损的重要性。交易者要勇于"割肉"，雷厉风行，任何犹豫和迟疑都终将酿成大错。

第二十一章　同一幅度内的波动次数

当活跃股和高价股达到内部人士想要抛售的价位时，就会连续几个月大幅而快速地上下波动，这时交易者就会因为这大好的机会而买进和卖出。这只股票会在高价位附近停留相当长的时间，足以让交易者习惯于这一价位，从而放心地买进。

如果一只股票直线上涨了20或30点，没有经过多大的回落就达到了顶部，那么这只股票就不可能在一天、一个星期或一个月之内派发出去；而如果一只股票在同一区间内反复波动很多次，尤其是在出现了5个点的波动或更大的行情后仍然没有突破其最高点位，同时在下跌时也没有跌破阻力位，那么这毫无疑问就是吸筹或派发的信号。有时，一只股票会在同一区间内反复波动10～20次。

只要留意一下1922年的斯图特贝克股、1919年的工业酒精股、美国橡胶股和美国羊毛股，就不难发现，这些股票在派发的同时仍然大幅度地上下波动着。从1922年5月到11月，斯图特贝克股在114美元和139美元之间上下波动了二十多次。尽管该股在同一范围内的大幅波动只有五六次，但如果算上5个点或5个点以上的震荡，就可以认为在同一区间内的波动有二十多次。这说明派发正在进行，该股正在为一波长期的下跌行情做准备。

全身而退后静观其变

如果你做得很成功，连续几个月一直追随着一波牛市行情并且积累了大笔的利润，那么这时就一定要保持警惕，注意走势的变化和牛市行情结束的最初信号。在你捕捉到牛市行情结束信号，即交易量放大、震荡迅速而激烈的时候，就要全身而退，静观其变。也就是说，要把你长期持有的股票全部抛售出去、等待做空的机会。一旦赚到了大笔的利润就要马上退出，不要急于再次入市。在股市，只要耐心等待，机会总会再次出现。

还有一种情况也要求你退出来，那就是出现熊市达到极致的最初信号。积累股票需要时间，所以不要过早入市。如果你通过前面的运作已经赚了一大笔钱，那么就可以等上几个星期或几个月，直到下一次牛市即将开始的明确信号显现出来再入市。

内幕消息

股票在高价位比在低价位时更容易发生大幅波动，这是因为股票在高价位时正在进行派发，而一旦达到一个非常低的价位，下跌的速度就会放慢，且在吸筹期间内往往会小幅波动一段时间。吸筹与派发恰恰相反。当内部人士想要卖出股票时，就会大张旗鼓，尽力吸引人们的注意，以形成较强的购买力。而当股票跌到很低的价位，内部人士想要进行一次大规模吸筹时，就会悄悄地买进股票，想方设法不让人们知道，同时尽力劝阻外界人士买进股票。

投机者们运用这些伎俩也无可厚非，这只不过是商业策略罢了。如果你处于同样的位置，也会采取同样的策略。他们必须尽量以最低的价格从别人手里买进股票，所以，不要幻想一个知道内情的人会告诉大家他正在买进——只要他是在忠实地为谋求个人利益而工作；同样，也不要幻想他能在股票接近顶部时告诉大家他正在卖空，因为这时的股价已经相当高了。如果真的告诉人们，那么他就是一个傻瓜，因为要想兑现和获取利润，就一定要想方设法把股票卖给别人。

很多人认为，只有得到"内幕消息"才能在股市上挣到钱。但从我二十年的经验来看，要想得到真正的内部消息是不可能的。你越早打消"内幕消息会有助于你"的想法，就能做得越好。就像跟别人打扑克牌一样，你难道指望他人会把手上的牌给你看而不想看到你的牌吗？当然不会，而且你也知道对方不会这样做。如果别人真的让你看，你就能赢走他所有的钱了。同样，对于那些在内部操纵的人——可能是银行家、集合基金经理、投机商、投资人或是别的什么人，你为什么要指望他们在尽力营造一波行情以卖出长期积存的股票，或是买入大量股票时能告诉你他们在干什么呢？

如果你具备正确解读大盘的能力，或许就能看出这些人在干什么。大盘能说明所有人买进和卖出的情况，只要你能够正确解读，大盘永远也不会欺骗你，因为无论是内部人士还是圈外人士，都无法隐藏或是伪造买进或卖出的数量。买进或卖出的每一股在大盘上都有记录，如果你能够正确分析交易量和行情变化的幅度，就能够判断出什么时候应该买进、什么时候应该卖出。

最重要的是时间因素，我就是用时间因素来做出自己的年度预测的。我这样说的目的并不是想要揭露这一秘密，而是想真诚地告诉你，一定要尽量了解更多的股市规律。只要按照这些规律去做，你就能在股市上大获成功。你会觉得花钱买这本书太划算了。只要按照我提出的股市规律运作，在今后 5 到 10 年里就有可能赚到上万美元。即使只是教会你怎样在开始的三五年里做到保本并获得经验，那么这种知识的价值也是不可估量的，因为经过几年的实践和学习，你一定能够快速致富。

专家解读

箱体整理这样的走势，一般的交易者都碰到过。不知道是否有人有这样的耐心在箱体的顶部和底部高抛低吸不亦乐乎。这件说起来十分简单的事操作起来却困难重重。倘若上下波动有 10% 的空间，一般来回三次你才能确定是震荡整理走势。股价在第四次回到箱底时，你能确定这次不会击穿底部吗？对此我们可以设定止损位买进。很幸运，第四次股价抵达箱顶，你会抑制不住希望它突破箱顶而大赚一笔，这种冲动会导致你在股价回撤时犹豫，最终拿到手里的利润只有8%左右（值得一提的是，很多个股的震荡整理幅度并没有这么大）。然后，周而复始，这一定比那些一直持有"坐电梯"的交易者感觉良好。但是，等你按照惯例在顶部卖出之后，该股却一骑绝尘而去，留下你空嗟叹。或者，你按照惯例箱底买进后，出现了暴风骤雨般的下跌，你稍一犹豫，就损失了2~3个波段的利润。

本章中江恩的意思是，箱体整理如果幅度过大，5个点，也就是5美元，根据他对股价的敏感程度，我们可以大体认为这个波动范围是5%。江恩想要通过震荡的次数来判定该股到底是处于吸筹还是派发区间。对此我的个人观点还是坐等趋势发生变化再跟进，这样比较稳妥。因为，有时候虽然你已经坐拥大量利润，但是个股却在震荡之后重拾升势；而有时候虽然你仅有微利，但是个股却震荡下跌。

第二十二章　突破以往的水平

如果股票在长达数月或数年的时间里已经确立了吸筹或派发的价位水平，然后一举突破，那么几乎可以肯定这些股票尚未遇到阻力，还会走向新高或新低。一般而言，在原有底部或顶部附近买进或卖出一只股票，并在比原来的底部低三个点或比原来的顶部高三个点的价位上止损，就会是很安全的。例如，看一看股市行情变化图 10 中的共和钢铁股。

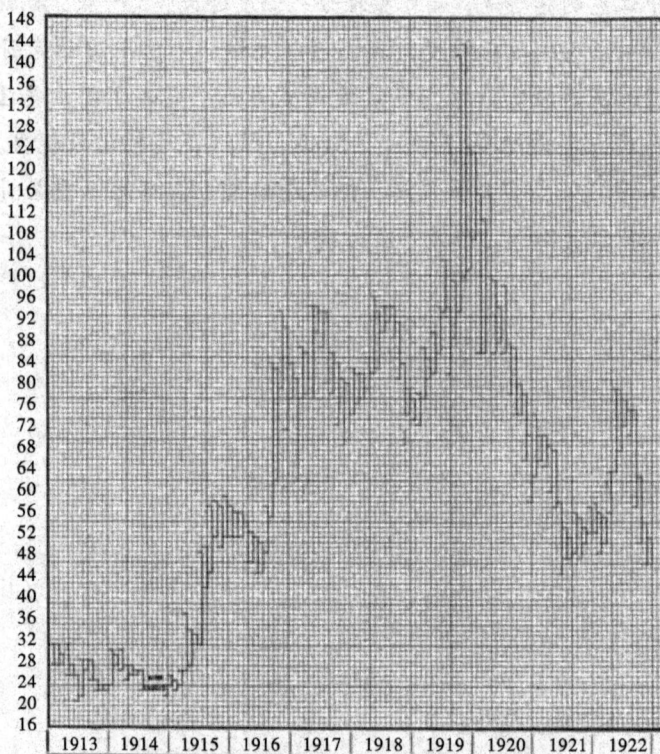

股市行情变化图 10　共和钢铁股月度峰值和谷值

(1913—1922 年)

共和钢铁——该股 1916 年的最高价位是 93 美元，1917 年的最高价位是 94 美元，1918 年的最高价位是 96 美元。每次到达这些价位时，就会形成卖盘。1919 年，该股一举突破了 96 美元，涨至 104 美元，然后又回调至 81 美元。当该股再一次突破 96 美元时，径直上涨到了 145 美元。在一只股票再一次创出新高时买进，比在其第一次创出新高时买进更为安全。这是因为，第一次创出新高很可能会因为大量卖出而被迫回调，而第二次创出新高时该股已经被全部吸纳了，股票继续攀升会容易一些。请注意，从 1914 年到 1919 年间共和钢铁股的底部都是在不断上升的。

瓦巴西 Pfd. A——该股在 1916 年 12 月份的最高价位是 60 美元。在 1920 年 12 月以前，股价逐渐下跌，顶部和底部都在一步步走低，一直跌到了 12 月的 17 美元。1921 年全年，该股在吸筹期间始终都在 18 ~ 24 美元浮动。1921 年 8 月，该股跌到了 20 美元，但其底部却有所提高。从 1921 年 8 月到 1922 年 2 月，该股每个月的售价都是 20 美元。这明确表示它得到了支撑，投资者应当买进这只股票，并在 18 美元的价位上止损。当其突破 1921 年的最高价位 24 美元时，应当继续买进。1922 年 4 月，该股攀升至 34 美元，这是 1920 年 10 月的阻力位。接着派发开始了，到了 1922 年 12 月，该股虽然跌到了 23 美元，却在这一价位上得到了支撑，在此上下 2 点的区间内维持了几个星期之后，又转而攀升了。

在研究不同类型的股票时，应当观察一下每只个股的具体走势，这样才能判断出哪只个股处于领涨或领跌的位置。

克鲁赛波钢铁——该股在 1915 年开始大幅上扬，升至 109.875 美元。从 1916 年到 1918 年，其顶部连年走低。1916 年的最低价位是 51 美元，1917 年的最低价位是 46 美元，而 1918 年的最低价位是 52 美元。当该股突破 1918 年的最高价位时，就说明其还会继续攀升。而当其于 1919 年突破 1915 年创下的历史最高价位 109.875 美元时，就明确显示出还将创下历史新高。

该股在连续三年的下跌行情中一直徘徊在 46 ~ 52 美元，说明其正在吸筹。1920 年，克鲁塞波钢铁股上扬到了 278 美元的极高价位，这大大超过了它的实际价值。因此，在资本翻了一倍之后，1921 年 8 月股价很快跌回到了 49 美元，这时它又回到了原来的底部区间，再次成为一只可以买进并看涨的股票。

降低和增加股息

我在前面讲过，绝不要仅仅因为股票不支付股息就卖出，也不要仅仅因为股票支付股息就买进。1921 年 12 月，克鲁赛波钢铁股上涨到了 69 美元，当时该股正在支付 4% 的股息。1922 年 2 月 27 日，该股下跌到了 53 美元；3 月初没有支付股息，但当时的股价是 58 美元左右；随后该股回落到了 53.5 美元，但并没有跌破不支付股息以前的最低价。这说明未能支付股息这一利空消息已被贴现，只要它能够维持在先前的低价以上，无论是否支付股息，都应该买进这只股票。

1922 年 9 月，克鲁赛波钢铁股攀升至 98 美元，这也是之前该股于 1921 年开始暴跌的价位。在此前后，该股以每股 100 美元的价格向持股人增发了新股，此举引发了旧股的大量卖出，使行情开始下跌；到 11 月份，该股跌到了 59 美元。

当一只股票以旧股当时的卖出价增发新股时，就要盯紧了。如果旧股没能涨到比新股的增发价格更高，就应当及时卖出，全部脱手做空。

联合零售（United Retail）——这也是一个受到股息降低影响的实例。1920 年 12 月，该股的最低价位是 46 美元，1921 年 5 月反弹至 62 美元，8 月又跌落至 47 美元，并再次得到了更高的支撑。1922 年 1 月，该股升至 57 美元。这些迹象表明，该股在过去一年之内一直在吸筹。到了 1922 年 2 月，该股的售价降到了 53 美元左右，支付的股息也降低了，股价随之跌至 44 美元。

但是，如果你在 1920 年以 46 美元买进该股并且在低 3 点的点位，也就是 43 美元的价位上止损，则无论怎样也不会被套住。1922 年 3 月，该股的最低价位是43美元而最高价为47美元，这一整个月都只有3点的波动幅度，表明该股正在得到支撑。当年4月，该股以45美元开盘，然后开始上涨。如果你在其突破三月份的高价位之前一直在等待时机，并最终在48美元的价位上开始买进。在这之后的三十多天里，该股就上涨到了71美元；在回调了10个点之后，于1922年10月继续上涨到了87美元，这曾是1920年的阻力位。此时该股遇到了强力的抛售，于1922年12月回落到66美元的另一阻力位。

这一过程告诉人们：在股息降低之前，内部人士早就知道这个消息，并且已经买进了股票。现在你要做的就是耐心等待，看他们会不会在此前的低价位上予以支撑。如果你在这些内部人士连续支撑了两个月，而没有让该股跌破原来底价下方的3个点时在买进，并设定3个点的止损单，就非常安全了。

很多事例表明，股息降低恰恰正是买进的好时机，因为这时最坏的消息大家都已经知道了并且已被贴现。一般来说，当股息提高且支付额外的股息时，内部人士们一定正在派发股票，他们会在这时公布一些好消息引诱人们买进。这样的事例可以举出好几百个，但一个例子就能说明问题了。

美国钢铁——该股于1917年5月升至历史最高价位136.625美元，当时支付的股息是5%。随后股息有所提高，即又支付了相当于17%的额外股息。但该股再也没有达到过这么高的价格，而且在1921年还曾下跌至70.25美元。这是因为内部人士都知道，这样的收益可能已经是最好的了，于是就在此时发布这条好消息，为派发这只股票做好铺垫。

我要提醒大家的是，"账面价值"也会误导很多投资者。按统计学家的计算，美国钢铁股1917年的账面价值是每股250美元左右，当然，只有在其最高价位买进的傻瓜才会相信这只股票会上涨到250美元。对于股价的上涨而言，"账面价值"毫无意义，因为发行股票的公司并没有准备清盘。因此，账面价值只会引发不切实际的幻想，让人们不断买进并固执地持有，觉得股价会涨到接近其账面价值的价位。实际上，一百只股票里也不会有一只能以接近账面价值的价格出售。

1915 年 2 月，美国钢铁股未能支付股息，当时其卖出价是 40 美元左右；随后该股下跌到 38 美元，但从那以后就再也没有下跌了。此时买进该股才是真正的划算，而不是在它支付 17% 的股息但售价超过 130 美元时买进。

美国钢铁股 1915 年的最高价是 89 美元；1916 年 1 月该股降至 80 美元的低价位；同年 3 月和 4 月，该股依旧保持着 80 美元的低价位，连续九个月的时间都维持在 80 美元上下，约 9 点的区间内。到了这一年的 8 月，该股上涨至 90 美元，突破了前一年的最高价位。在这一较小的区间内维持那么长时间，这种情况说明它肯定会大幅上涨，因为吸筹已经完成了；否则，它早就跌到 80 美元以下了。在这之后，该股确实一路攀升到了 129 美元，期间回调的幅度始终没有超过 5 点。

该股在 1917 年 5 月上涨至 136.625 美元的高价位之后，就跌落到了 80 美元，这也是 1916 年的最低价位，此时该股再次获得了支撑。按照规律，如果此时买进，就要在比这一价位低 3 点的点位，即 77 美元的价位止损。1918 年 8 月，该股又一次上升至 116 美元，并在 116 美元左右的价位上维持了两个月，这说明其正在派发，这时应当全部脱手去做空，但要在 116 美元以上 2~3 点的价位上止损。1919 年 1、2 月间，该股跌落至 89 美元，在高于前一个月最低价的价位上维持了两个月，且波动范围很小，这时又是一次买进的机会，但应当在早先的最低价之下 2~3 点的价位止损。

1919 年 7 月，该股升至 115 美元，只比 1918 年的最高价位低了 1 点。此时，你应当全部卖出，再一次做空，但要在稍高于以前的价位上止损。随后该股持续下跌，1920 年先是跌破了 1919 年的最低价 89 美元，接着又跌破了 1916 年和 1917 的最低价 80 美元。这就说明该股已经失去了支撑而且还会继续下跌。1921 年 6 月，该股跌至 70.25 美元；之后的 7、8 月间，该股一直在 72 到 76 美元这一个很小的区间内上下波动。这说明该股正处于吸筹期间，这时就应该买进，并在 70 美元以下止损；或是在该股一超过维持两个月的价位时就买进，这说明走势又转而向上了。

1922 年 10 月，该股上涨到了 111 美元，这是 1919 年和 1920 年的派发区间。截至撰写本书的时间（1923 年），各种迹象表明该股正在派发，也说明该股正在为 1923 年年底之前的进一步下跌做准备。

你应当常常对每只个股分别进行研究，并且学会如何去跟踪每只个股的行情变化。世上没有哪两片树叶是一模一样的，不同的股票也不会同时触顶或触底，但它们却会清楚地向你展示出何时处于强势、何时处于弱势。通过绘制前几年的月度峰值和谷值的行情变化图，你就能准确地判断出每类股票中某只个股的走势。

股票何时会创新高或新低

当一只个股上涨或下跌到新区间，或者说出现了几个月或几年都没有达到过的价位时，就说明某种势力或驱动力正在促使股票朝着那个方向发展。与其他受到抑制的力量爆发时一样——大坝可以拦住水流，而一旦大坝崩溃，水就会一泻千里，直到另一座大坝或是其他的障碍物或阻力将其拦住。所以，注意观察股票先前的价位非常重要，达到新价位区间相隔的时间越长，波动幅度就越大，因为长期积聚的能量所造成的行情变化肯定会比短期能量造成的变化更大。

1921 年的高价位

1921 年是经济最为萧条的一年。虽然这一年的 5 月股市曾出现过一次强势反弹，但大多数股票在 6 月至 8 月的价格都很低。下面我将那些已经突破 1921 年初高价位的个股列举出来。正是这些个股引发了 1922 年的牛市行情且涨幅最大，而那些在 1923 年 1 月仍未能涨至 1921 年高价位的个股售价依然很低。下面这些个股都是创出新高的股票。

艾利斯·查默斯（Allis Chalmers）：1921年的高价位是9美元，1922年涨至59美元。

美国罐头：1921年的高价位是32美元，1922年涨至76美元。当该股突破68美元时，已经创出了历史新高，这说明该股的价格还会大幅度提高。截至1923年我撰写此书时，该股已升至84美元。

美国熔炼（American Smelting）：1921年的高价位是44美元，1922年涨至67美元。

美国羊毛（American Woolen）：1921年的高价位是82美元，1922年涨至105美元。

阿奇森（Atchison）：1920年和1921年的高价位是90美元，1922年突破了这一价位，在9月涨至108美元。

鲍德温：1921年的高价位是100美元，1922年涨至142美元。

加拿大太平洋（Canadian Pacific）：1920年和1921年的高价位是129美元，1922年1月突破了这一价位，在9月涨至151美元。

智利铜业（Chile Copper）：1921年的高价位是16美元，1922年的高价位是29美元。

可口可乐（Coca Cola）：1919年的高价位是45美元，1920年是40美元，1921年是43美元。该股于1922年初突破了这几个价位，涨至82美元。

大陆罐头：1919年的高价位是103美元，1920年是98美元，1922年是68美元。该股于1922年突破了这几个价位，涨至124美元。

大北方：1921年的高价位是79美元，1922年突破这一价位，涨至95美元。

L&N.：1921年的高价位是118美元，1922年突破这一价位，涨至144美元。

纽约中央公司：1921年的高价位是76美元，1922年突破这一价位，涨至 101 美元。

移动保险箱（Pan Pete）：1921 年的高价位是 79 美元，1922 年涨至
100 美元。

辛克莱石油（Sinclair Oil）：1921 年的高价位是 28 美元，1922 年涨
至 38 美元。

斯图特贝克：1921 年的高价位是 93 美元，1922 年 1 月突破这一价位
并涨至 141 美元。

美国铸造 I. P.（U. S. Cast I. P.）：1921 年的高价位是 19 美元，1922
年涨至 39 美元。

美国钢铁：1922 年的高价位是 88 美元，同年涨至 111 美元。

从以上这些股票的情况可以看出，所有在 1922 年年初突破 1921 年 5
月高价位的个股都大幅上涨了，走势很强，且卖盘力量足以突破前几年
的高价位，表明这些股票还会继续攀升。

1922 年不曾突破 1921 年高价位的个股

你可能注意到了，那些在 1922 年初期没有呈现强势，也未能接近或
突破 1921 年高价位的个股已被证明是落伍者，截至我撰写本书时，它们
的售价仍然相当低。这再一次证明了我提出的原则：要买进强势股，卖
出弱势股，不要让股价误导人们的判断。因为，股价最高的个股经常会
继续攀升，而股价很低的个股则可能会继续下跌。

下面这些股票在 1922 年均没有突破其在 1921 年的高价位。请注意这
些个股在 1923 年 1 月的卖出价。

美国农业化工（American Agricultural Chemical）：1921 年的高价位是
50 美元，1922 年年底的售价是 32 美元。

美国国际（American International）：1921 年的高价位是 53 美元，1922 年年底的售价是 26 美元左右。

美国亚麻籽（American Linseed）：1921 年的高价位是 60 美元，1922 年年底的售价是 32 美元。

美国苏门答腊烟草（American Sumatra Tobacco）：1921 年的高价位是 88 美元，虽然该股变化缓慢，直到其他个股触底之后才触底，但是 1922 年年底其售价仍然是接近低价位的 28 美元左右。

大西洋湾：1921 年 5 月的高价位是 44 美元，1922 年年底的售价是 22 美元。

钱德勒汽车（Chandler Motors）：1921 年的高价位是 85 美元，1922 年的高价位是 79 美元，而 1922 年年底的售价是 65 美元。

国际纸业（International Paper）：1921 年的高价位是 73 美元，1922 年年底的售价是 52 美元。

皮尔斯·阿洛普通股和优选股（Piece Arrow Common and Preferred）：1921 年的高价位分别是 41 美元和 49 美元，两者在 1922 年年底时的卖出价位都很低。

联合医药（United Drug）：1921 年的高价位是 105 美元，1922 年股价也未能反弹至 84 美元以上。

美国工业酒精：1921 年的高价位是 74 美元。该股变化较慢，直到 1921 年 11 月才触底，但 1922 年只反弹到了 72 美元，并未突破 1921 年的最高价位。

弗吉尼亚卡罗莱纳化工（Virginian Carolina Chemical）：1921 年的高价位是 42 美元，1922 年年底的售价是 25 美元。

沃辛顿泵业（Worthington Pump）：1921 年的高价位是 55 美元，1922 年 11 月跌落至其历史新低 27 美元。

你可以看到，皮尔斯·阿洛股、钱德勒汽车股和通用汽车股都没能达到 1921 年的高价位，1922 年年底的卖出价也很低；而在 1922 年年初创下新高的斯图特贝克股在这一年年底的卖出价位却很高。通用沥青股（General Asphalt）1921年的高价位是78美元，1922年只不过反弹到了73美元，没能达到1921年的高价位，这表明该股因为长期居高不下而被大量抛售，随后跌破了其1921年的低价位。这一点应予注意，当股价上升至接近以前的高价位，维持了很长时间却没能突破时，就说明该股正在派发；一旦股票跌破派发区间，就应该将其卖空。买进通用沥青股的人原本希望该股能够像太平洋石油股、墨西哥保险箱股和移动保险箱股一样上升，却遭受了巨大的损失。这是因为其他股票都表现出强势，而通用沥青股却表现出弱势的缘故。

另外，所有橡胶股和糖业股都没能突破1921年的高价位，到了1922年年底，它们的售价进一步下跌。1923年1月，各只橡胶股已经开始上涨了，如果它们能够突破1921年和1922年的高价位，那么它们就将在其他类型的股票纷纷下跌时反而不断上涨。如果是这样，就应当买进橡胶股而不是卖出，同时等待这些股票能够像那些在1922年创下高价位，并进行派发的股票一样不断上涨。

股票走势改变后的买进和卖出

一只股票一旦达到了新高或新低，就说明该股已完成吸筹或派发，新的行情即将开始。

回顾股市行情变化图9中玉米制品股的行情，可以发现，该股到达108美元的价位并在106～108美元吸筹时，连续几个星期价位都在非常狭窄的范围内，波动幅度非常小，此时去交易是赚不到钱的。但是，一旦该股突破108美元，就表明走势又将转而向上，这时买进，你就能在不到两个月的时间内赚到20个点的利润。

反之，也会出现同样的情形。从1922年9月开始，该股的股价在四个多月的时间里一直处于124～134美元，无论是买进还是卖出，都赚不到多少钱。而该股在跌破124美元之后，就能清楚地看到其走势已经转而向下了。如果这时开始卖空，无疑很快就能赚取利润。

吸筹和派发交替进行时，能产生巨大的利润。所以，等到股票的走势明确之后再切入，将比一开始就切入能赚到的钱更多。这就像赛马一样，把马从拴马桩上解下来往往要花上15到20分钟，而一旦宣布"马儿开始跑了"，不到两分钟比赛就结束了。耗费的大多是准备时间，一旦赛马跨出起跑线，比赛很快就结束了。股票运作也一样，只要能赚到钱，那么以高出底部10点、20点还是30点的价位买进一只股票又有什么区别呢？

同样，在进行卖空操作时，无论价格比顶部低多少都没有区别。一旦股票突破了派发区间，对其交易就是安全的，很快就能获取利润。不要考虑价格的高低，抛开那些底部和顶部价位的困扰，买卖股票是为了营利，不要贪图最底部或最顶部的那0.125美元。内行人不会那样去做，所以你也不要奢望能比庄家做得更好。

专家解读

这一章是江恩交易理论的核心——突破买卖。江恩在叙述股市行情时，多次提到突破高点之后又涨了多少点，跌破低点之后又跌了多少点。这是很明显的突破买卖逻辑。但遗憾的是，绝大多数交易者都不能领会这一点。他们通常认为股价高高在上，这是一个明显的拒绝他们交易的信号，他们宁愿花费大量的时间，寻找尚未形成底部，或者正在形成和已经形成底部的股票，然后心安理得地长期持有。他们这样做仅为了买一个安全。倘若这些人能一直坚守，直至云开雾散的那天也好。但是，在坚守的过程中，他们又往往这山望着那山高，换来换去，最后痛失所有良机。虽无大的亏损，但也无所盈利。因此，他们交易的信心会日益受挫，最终一蹶不振，认为市场不适合他们。在我看来，A股市场这几十年来最大的误区就在于常规化地警示股民不要追涨杀跌。但是江恩告诉我们，唯有追涨杀跌，而且是针对热门活跃的股票，才能赚到丰厚的利润。

在1921年的高价股这一小节，江恩不厌其烦地罗列出各种股票，最终都过顶翻番，或者再涨50%，参与其中的人都获得了丰厚的回报。

在股票走势改变后的买进和卖出一节，江恩也表达了"你不要奢望比主力做得更好"的交易理念。在我看来，只要是赚了，没赚到50%，30%也好，总比赔了好，用不着为没有拿到的20%捶胸顿足。只要时间短，见效快，勤快一点就行。

第二十三章　铁路股的顶峰和低谷

　　在上述章节中，我谈到了作为领头股的个股和股票类型，无论是涨还是跌，你都应当始终追随领导股。从 1896 年到 1909 年，铁路股一直都是领头股，各家银行在贷款时对工业股都有些歧视，却把铁路股看作是金边证券。

　　股市行情变化图 11 中，道琼斯 20 只铁路股 1896 年 8 月的最低价位是 42 美元。经过长期上涨之后，这些股票终于在 1899 年的 4 月涨到了 87 美元，第一次形成了重要的高位。不过，在当年的 2、3 月间这些股票的价格就已经涨到了距离此价位 1~2 点的点位。5 月份出现了一波很大的下跌行情，这些股票一下子跌到了 78 美元；但 9 月份又出现了反弹行情，股价又被拉升到了 86 美元，仅比 4 月的最高价位低了不到 1 点。但这些股票在这一价位遭遇到了强大的阻力，在这一年的 12 月份跌落到了 73 美元；此后虽然曾于 1900 年 4 月反弹至 82 美元，但在 6 月份再次跌落到了 73 美元，又一次跌到同一低位，也就是重复出现了 12 月份曾经出现的低位。

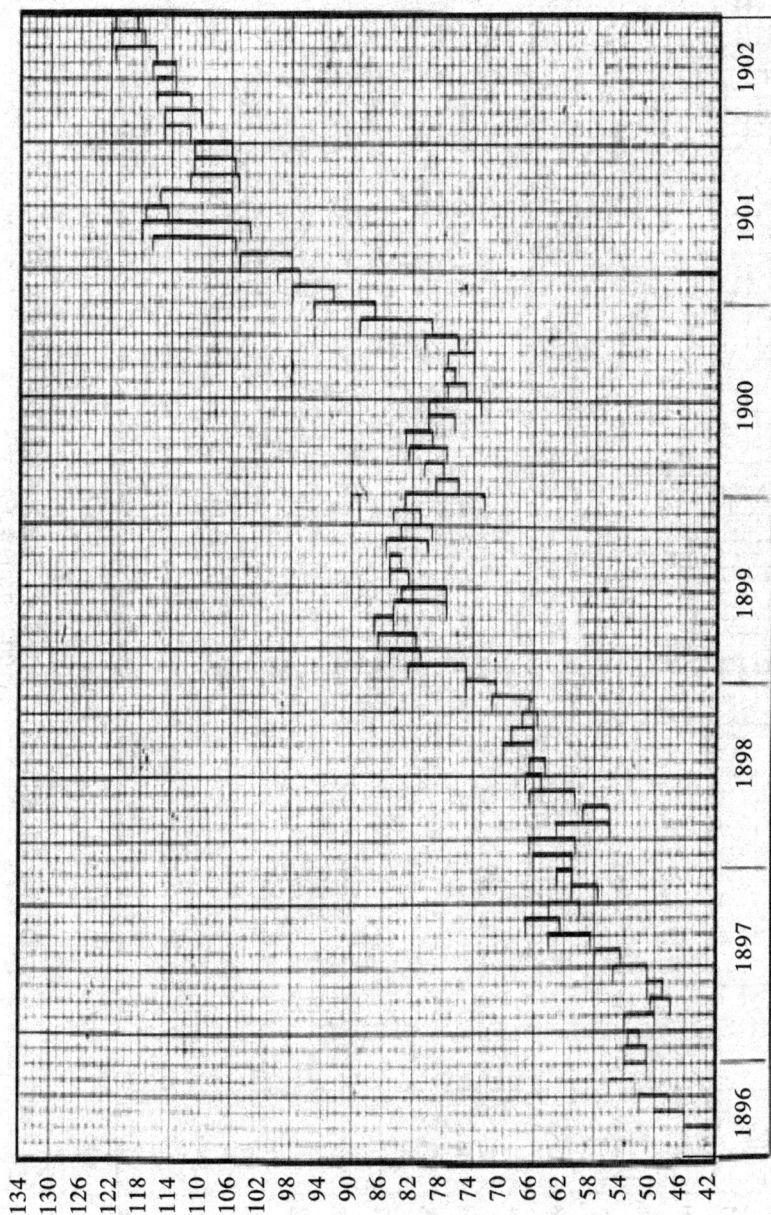

股市行情变化图11（1）　道琼斯平均指数20只铁路股股月度峰值和谷值
（1896—1902年）

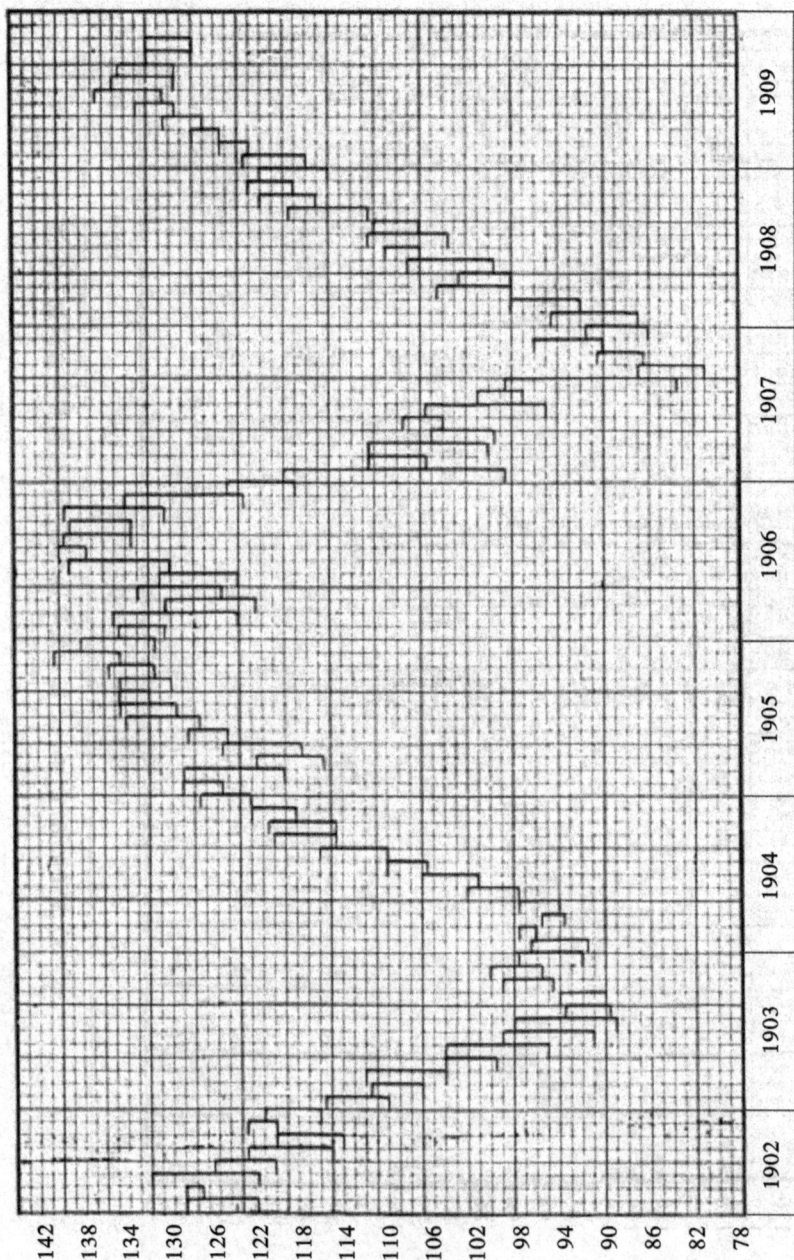

股市行情变化图11（2） 道琼斯平均指数20只铁路股月度峰值和谷值
（1902—1909年）

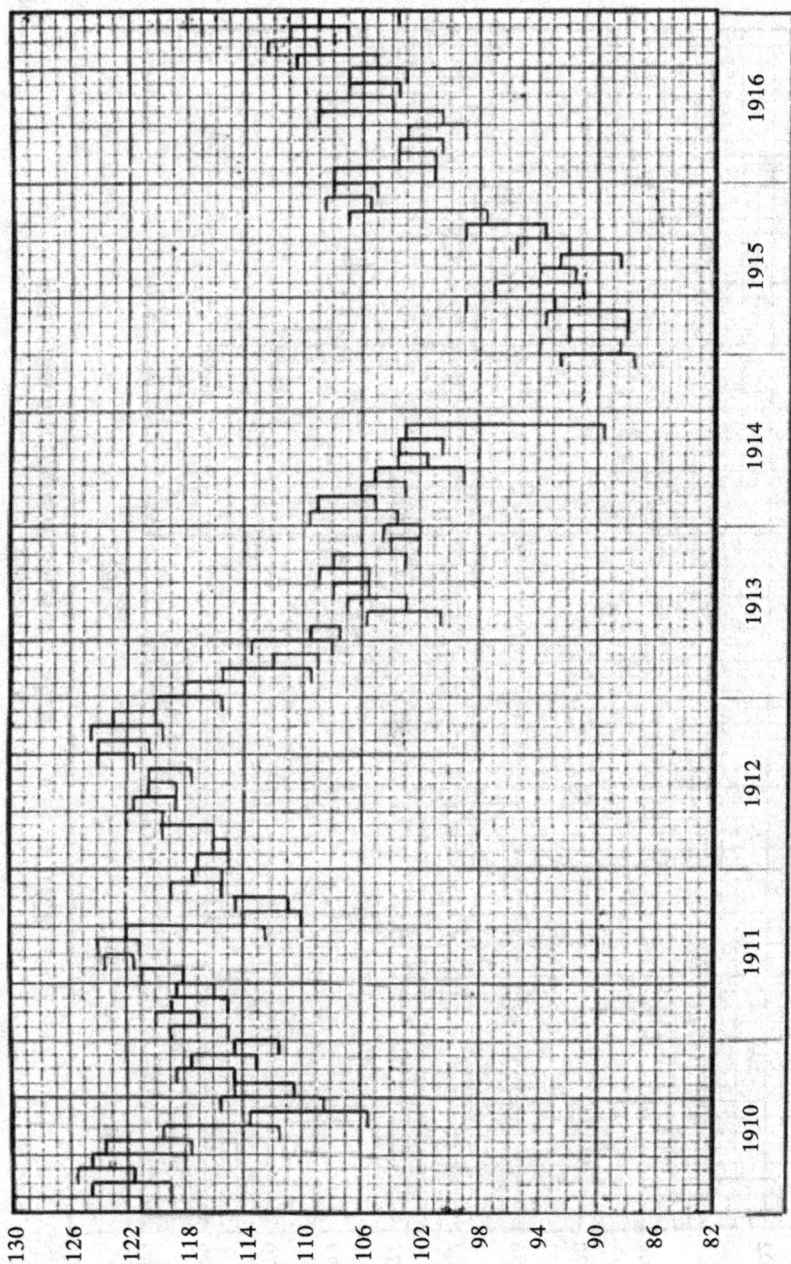

股市行情变化图11（3）　道琼斯平均指数20只铁路股股月度峰值和谷值
（1910—1916年）

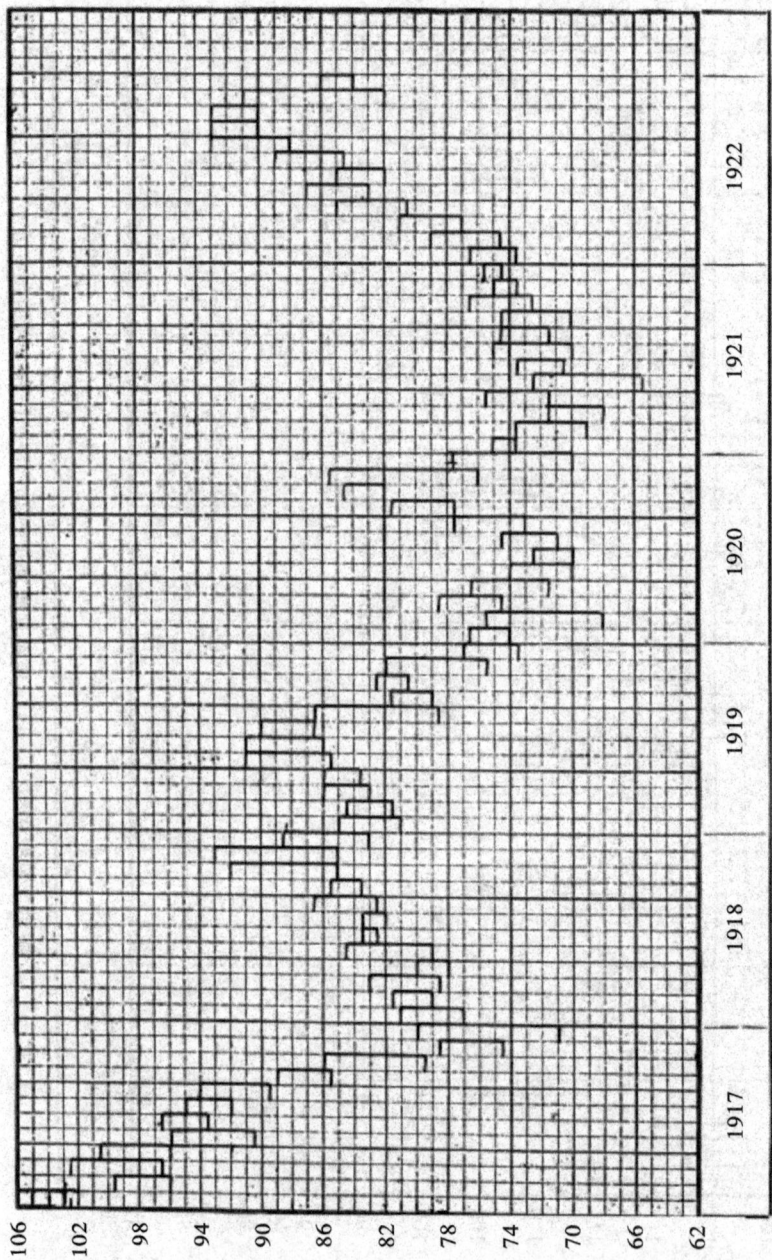

股市行情变化图11（4） 道琼斯平均指数20只铁路股股月度峰值和谷值
（1917—1922年）

　　在连续两次跌到同一低位之后，一轮较大的上升行情开始了。这轮行情一直持续到了 1901 年 5 月，股价达到了 118 美元。1901 年 5 月 9 日，北太平洋铁路股陷入困境，股价严重下跌，平均股价跌到了 103 美元。这也是这次牛市中第一次突发性的大幅下滑，说明牛市已经结束，应当在股价一有反弹时就马上卖出。5 月中下旬和 6 月出现了反弹行情，股价又接近了 5 月的顶部，之后便降到了 105 美元，仅仅比 5 月份恐慌期时稍高一点；在这个价位上维持了四个月，期间又发生了一次吸筹，但每只股票都只是在一个较小的区间内上下波动。

　　随后，这些股票开始长时间地缓慢上涨。1902 年，股价升至 129 美元，形成一个陡直的顶部，随即于 1903 年 9 月快速跌落至 89 美元。注意，吸筹从 1903 年 9 月一直持续到了 1904 年 6 月，在此期间牛市得到了恢复。1905 年 4 月，股价反弹至 127 美元，距离 1902 年 9 月的高价位不到 2 个点；而在 6 月份一波迅猛的下跌行情中又跌到了 115 美元。1906 年 1 月，股价达到了 138 美元的历史新高，平均指数也在十年间升高了 96 点。随后股价便开始下跌，在旧金山大地震之后的 1906 年 5 月跌到了 120 美元。后来又在 9 月份回升到了 138 美元，达到了与 1 月份同样高的价位水平。

　　这些铁路股一直在这一价位上下小幅波动，到 1907 年 1 月便跌破了派发区间。长期的攀升行情过后，派发又持续了一年多，随之而来的自然是迅猛的下跌。1907 年 3 月 14 日，恐慌悄无声息地来临，股价跌落到了 98 美元。这是股市上出现过的最迅猛的下跌行情之一，在此之后有一次快速反弹，接着又是一次下跌，股价跌落到了 3 月 14 日的低价位，有时甚至以更低的价格卖出。此后，股市反弹并维持到了 8 月份，但反弹的速度非常缓慢，说明这一次清仓还没结束。1907 年 9 月，又一次清仓开始了，最终导致在 11 月份出现了急剧的狂跌，平均指数跌至 82 点，比年初的高位低了 56 个点。

　　直到 1908 年 3 月，吸筹才终于出现。这时候，牛市行情又开始了，1909 年 10 月牛市达到极致时，股价达到了 134 美元，距离历史最高价位仅差 4 点。这时股票遇到了阻力，派发在一个很窄的区间内发生了，一直延续了大约六个月。1910 年股价开始下跌，在缓慢爬升之后，突然于 7 月份跌到了 106 美元：这是一个陡直的底部，股价很快就开始回升了，然后一直持续上涨，到 1911 年 7 月，平均指数达到了 124 点。之后，顶部的波动幅度变小，股市也连续几个月成交极不活跃。8、9 月间，一次迅猛的下跌把股价下拉至 110 美元。之后又开始缓慢地上升，于 1912 年 8 月升到了与 1911 年相同的顶部 124 美元，并将此顶部一直维持到了 1912 年 10 月。随后，在 1913 年 6 月，股价先是跌到了 100 美元。此后股市波动幅度小而且很不活跃，股价缓慢上升到 110 点，比当年 4 月的价位略低。1914 年 5、6 月间，曾出现一次短期的小幅反弹，但随后便于 7 月初开始了大幅下跌。接着股价开始爬升，但战争的爆发又使其随之大跌，最终使股市于 7 月 30 日停止了交易。

1914 年 12 月 15 日，证交所重新开盘，平均指数跌到了 87 点。直到 1915 年 3 月之前，这些股票一直都在这一水平上下小幅波动。然后，股价便开始大幅上涨了。在 1915 年 11 月，股价升至 108 美元，并最终于 1916 年 10 月上涨到 112 美元。请注意，1916 年铁路股一直在派发，整整一年都只比 1915 年的高位高了 3 个点。与此同时，因为战争环境有利于工业股而不利于铁路股，工业股正在大幅上涨。

1917 年是铁路股大幅下跌和全面清盘的一年，到政府被迫接管铁路的 12 月份，股价已经跌到了多年来的最低点 71 美元。政府的接管使其价格迅速反弹，1918 年 11 月，平均指数攀升到了 93 点；但在 1919 年 1 月战争结束时又跌落到了 81 点。后来，华尔街出现了有史以来最为高涨的工业股热，但铁路股却没能出现任何的大幅反弹，到 7、8 月份也仅仅升至 92 点，比 1918 年的顶部价位还低了 1 点；而工业股却整整比 1918 年的股价高出了 20 多点。这是因为工业股充当了领头股，而

铁路股却远远地落在了后面。1920 年 2 月，铁路股以 68 美元的价格到
达了新低。在此之后，铁路股和工业股的行情渐渐开始一致了。1920
年 11 月，铁路股反弹到了 85 美元，随后便开始了长时间的下跌；到
1921 年 6 月，铁路股跌到了 66 美元，这也是 1897 年以来平均指数最
低的价位了。

　　1922 年 8 月，股价从这一价位升到了 93 美元。这也是 1918 年曾达
到过的顶部价位。从 1922 年 8 月至 10 月，股价一直保持不变，即使在派
发时也维持在很小的幅度内。11 月份，股价跌破了派发区间，并于 11 月
27 日跌落到了 82 美元。在那之后，这些股票在 1923 年 1 月反弹到 87 美
元左右后便彻底失去了活力，每次反弹都会遇到卖盘的压力。现在看来，
可以推测出当时的所有迹象都是在清盘。但正确的做法应当是耐心等一
等，看股价究竟能否恢复活跃状态并上涨到 86 美元以上，或者下滑跌落
到 11 月份的 82 美元以下。我的意见是：在铁路股再次突破 1922 年的顶
部价位之前，其售价都会非常低。

专家解读

　　铁路股作为那个时代红极一时的板块，江恩在本章着重描述了它们
的兴衰，意在继续说明前一个章节中他所介绍的交易策略。准确地说，
在 1922 年的 8 月到 10 月间，江恩自己也不能判定铁路股的走向，或许它
们将继续活跃，或许从此一蹶不振，一切都以 82 ~ 86 美元这一区间上下
限的突破为准。这就是标准的突破买卖。在突破之前，任何的幻想和分
析，包括成交量、换手率或者所谓内幕的主力吸筹数据等通通无效，必
须依靠多年交易的综合经验从大休上粗略地进行判定。

第二十四章　工业股的顶峰和低谷

　　股市行情变化图 12 展示了道琼斯平均指数 20 只工业股从 1897 年到 1922 年 12 月出现的顶部和底部。

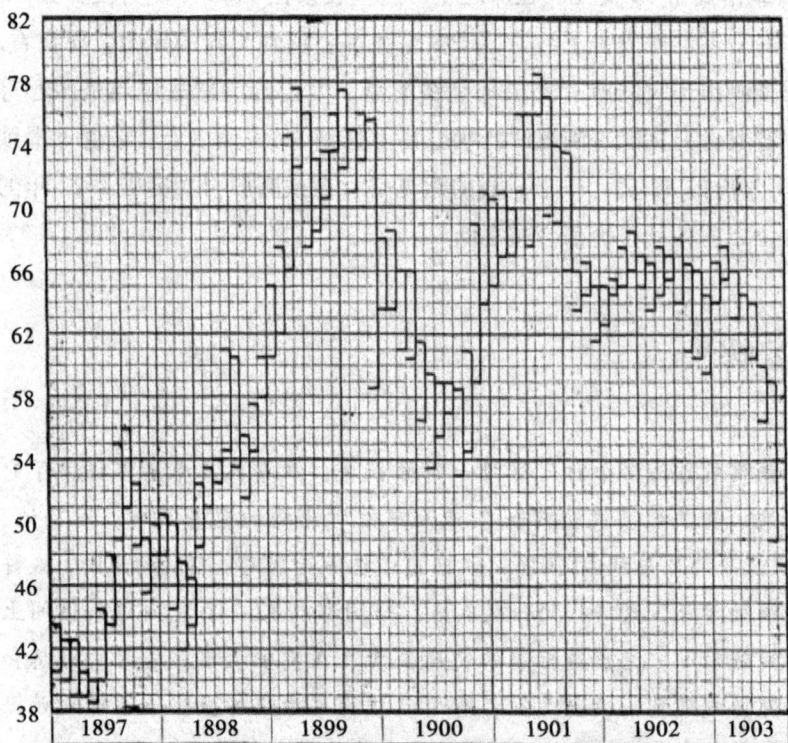

股市行情变化图 12（1）　道琼斯平均指数 20 只工业股月度峰值和谷值
（1897—1903 年）

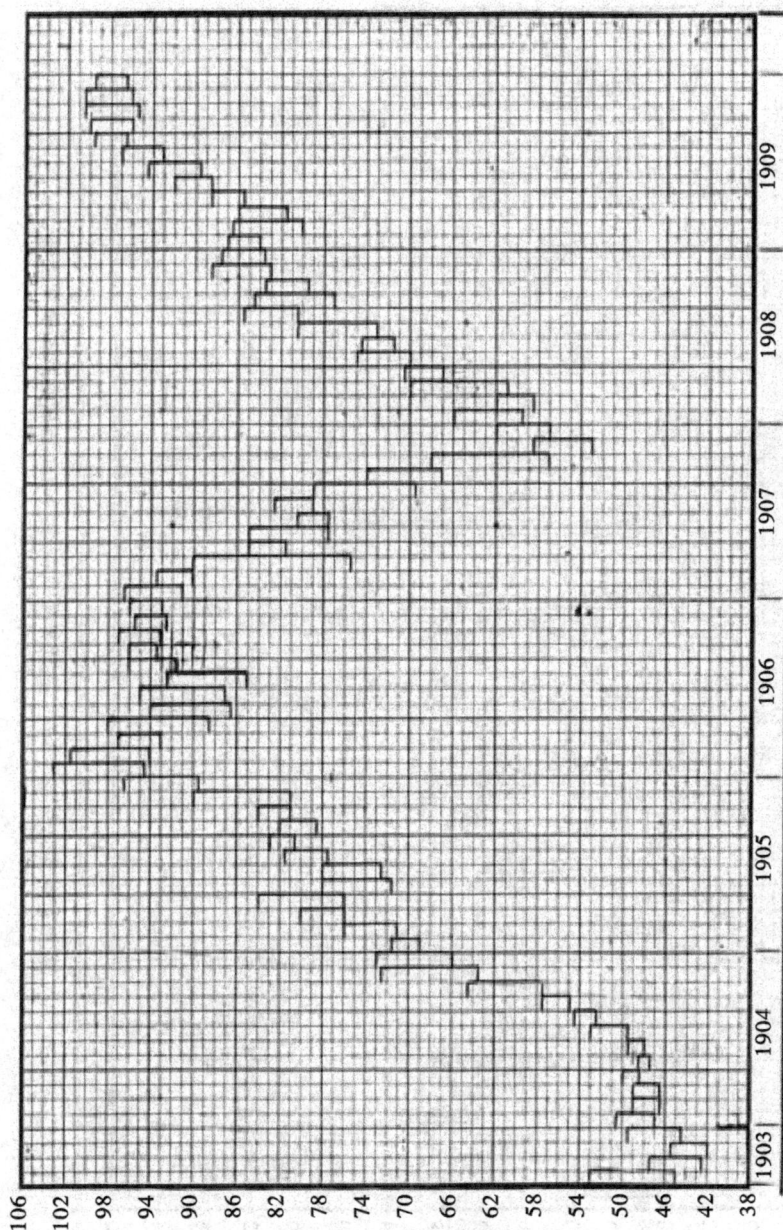

股市行情变化图12（2）　道琼斯平均指数20只工业股月度峰值和谷值
（1903—1909年）

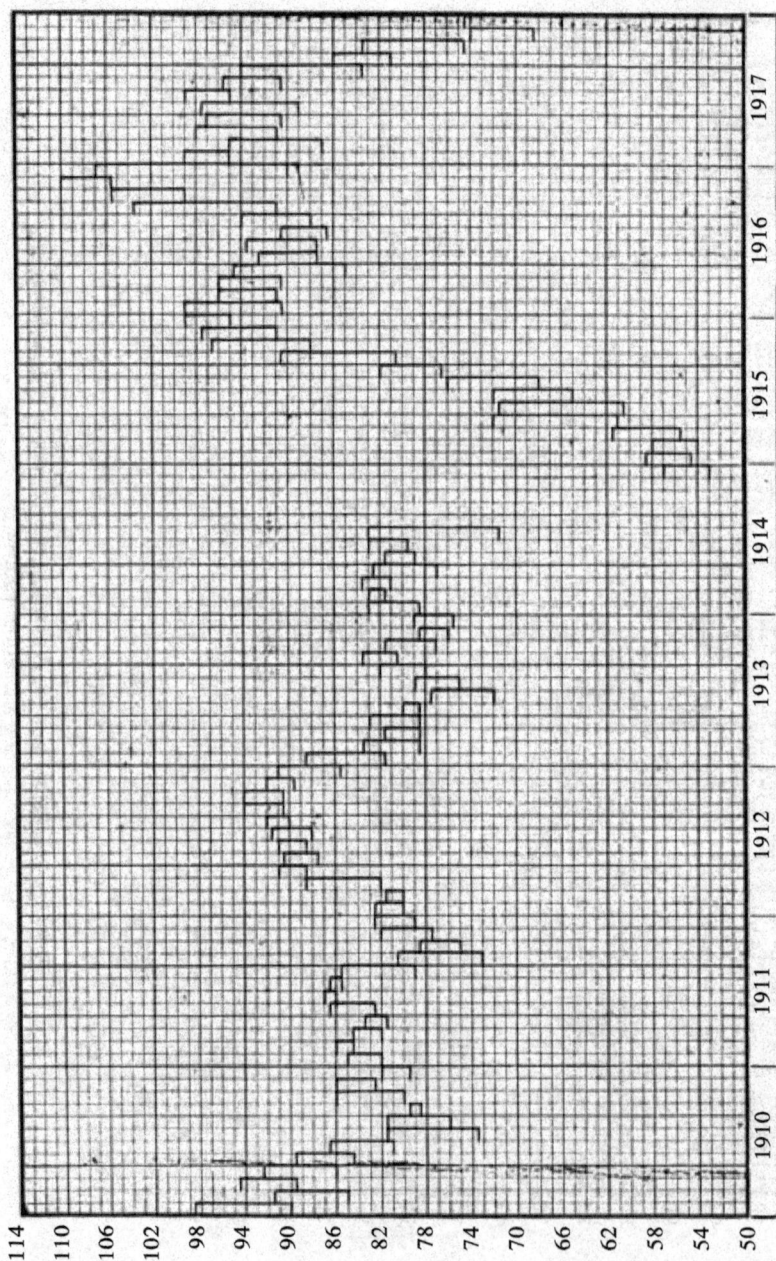

股市行情变化图12（3）　道琼斯平均指数20只工业股月度峰值和谷值（1910—1917年）

股市行情变化图 12（4）   道琼斯平均指数 20 只工业股月度峰值和谷值
（1918—1922 年）

这些股票 1896 年 8 月的低价位是 29 美元，在 1899 年 4 月派发开始时曾反弹到了 77 美元，5 月又跌至 68 美元；但 1899 年 9 月又一次反弹到了 77 美元，连续两次达到了同样的顶部；10 月再度跌至 71 美元，11 月只反弹到 76 美元，比原来的顶部低了 1 个点。这是第三次到达同一顶部，但却没能有所突破，说明将出现大规模派发，而且随后将出现长时间的下跌行情。

1899 年 12 月，股价跌到了 58 美元，随后又反弹至 68 美元，这正是派发区间的底部。1903 年 11、12 月间，股价跌至 42.5 美元，又于 1904 年 1

月反弹至 50 美元，而且直到这一年的 6 月份都一直在 4 个点的区间内徘徊。这些情况说明吸筹正在进行当中，虽然当时铁路股是领头股，但这些工业股正在准备攀升。1904 年 7 月，上攻开始了，虽然期间稍有间断，但这次上涨行情一直持续到了 1906 年 1 月，当时最终的顶部达到了 103 美元。这一顶部维持的时间很短，随即便出现了下跌，到 1906 年 7 月，股价跌至 86 美元，然后在 8 月反弹到了 96 美元，并在此价位上下 4 个点的区间内维持了差不多六个月，直到 1907 年 1 月才结束。股价在很窄的区间内发生了大规模派发且持续时间很长，说明随后会大幅下跌。

1907 年对于工业股和铁路股来说是一个熊市年。从股市行情变化图 12 中可见，这两类股票在这一年 11 月份都跌到了 53 美元，形成了一个陡直的底部。此后，经过长时间的攀升，于 1909 年 8 月上涨到了顶部。这时，工业股变得较为出色了，即将取代铁路股而成为新的领头股。8 月份，工业股股价达到了 100 美元，并形成了一个平缓的顶位，在派发进行的同时，该股在这一价格水平上维持了六个月。1910 年 1 月，股价开始下跌，到 7 月份跌到了 74 美元的低价位。

之后出现了一次缓慢反弹，股价于 1911 年 7 月达到了顶部，而且在派发的同时在顶部维持了两个月，波动幅度很小，表现也不活跃。你肯定经常听到"千万不要在股市呆滞时卖出"的言论，但你必须要考虑一下，呆滞的股票到底是接近顶部还是底部，如果牟幅震荡与停滞出现在顶部附近，那就是买盘力量减弱的信号，迟早会有某种力量把买家变成卖家，使股价下跌。到了 8 月份，股价开始跌破该区域，并在 1911 年 9 月跌到了 73 美元，形成了双重底部。

从那之后，一直到 1912 年 10 月，股价都在持续攀升，其间在 6 月份达到了第一个顶部，股市进行了连续六个月的派发。此后的下跌一直持续到了 1913 年 6 月，平均指数跌到 73 点，形成了三重底，即与 1910 年和 1911 年的点位大体持平。

从 1914 年 2 月到 7 月，股市在一个狭窄的范围内确立了顶部。这些工业股总是在反弹后变得悄无声息，这就说明买盘力量尚不存在，清盘正在进行。7月初，股价开始下跌，一举跌破了派发价位。7月30日股市停止了交易，12月份再次开盘时，股价跌到了53美元，这与1907年的价位完全一样，也就是说时隔七年之后，股票形成了一个双重底部。

在工业股领涨的1915年春天之前，股价一直在小幅波动，工业股成为了"战争的宠儿"，几乎每天都在领涨。1915年12月，平均指数上升到了99点，这也是战时繁荣创下的第一个顶部。1916年4月，这些股票跌至85美元，这时吸筹开始了。1916年11月，股票迅速反弹，平均指数创下110点的历史新高。当股票从顶部迅猛下跌且平均指数跌至100点以下，即从高价位跌下10个点之后，真正的派发便开始了。关于这一规律，我在上一章里已经做过阐述：在尖锐的顶部后的第一次大幅度下跌过后，就会发生派发，等等。

1917年，工业股股价下跌，于2月份跌落到了第一个低价位87美元，然后从这一价位开始反弹，但在数次反弹中表现得极不活跃。与1916年的高价位相比，这时似乎很便宜，所以人们积极买进。然而这一整年股价都在持续下跌，到了12月份才触底，价格跌至66美元。这一底部持续了没多久后便开始向上爬升了。在股价上升10点之后，吸筹随即开始。从股市行情变化图12中可以看出，吸筹在76~84美元进行。由此可见，这种情况也同样适用这一规则——发生派发的点位往往在尖顶下方，而吸筹发生的点位则比尖底高几个点。

1918年的全年工业股股价都在小幅波动。这一年11月份第一次世界大战宣告结束时，股价攀升到了88美元，然后又快速跌落到80美元。这一价位整整持续了四个月，变化区间只有4个点，但每个月都会跌落至同一谷底。这是吸筹的第二阶段，说明股票正在为大幅上涨做准备，这次上涨在1919年2月便开始了。在本书的后面章节，你可以看到我对1919年股市的年度预测。事实证明我对那一年石油股和工业股大幅攀升的预测非常准确。1919年的涨幅是股市开市以来最大的，工业股的平均指数在九个月的时间里上升了近40个点；当然，也有很多个股都上涨了50~150个点。这一年成交量也是有史以来最大的，从8月到10月，每天的平均成交量都将近 200 万股。11 月中上旬，这一上涨行情因形成了一个尖锐的顶部而达到了高潮。这一年当中也仅仅出现过两次反复，一次在 6 月份，另一次在 8 月份。由于人们根本不问股价、股票名称、历史情况和未来可能的走势而一味买进，所以派发是在一路上涨中完成的。人们满怀期望地买进，认为牛市会永远持续下去，但牛市却偏偏出乎意料地突然结束了，就像所有大肆炒作出来的股市行情一样。

1919 年 11 月，一波令人恐慌的下跌行情出现了，工业股股价跌到了 103 美元左右。经过一次反弹后，股价在一个狭窄的区间内波动，于 1920 年 1 月达到了 109 美元。1 月份，第二阶段的派发开始了，紧接着 2 月份股价又猛跌至 90 美元。4 月份，最高法院下发了"股息不许纳税"的决定，随即引发了一轮疯狂的炒作，很多公司都宣布支付股息，而人们则满怀期待地大肆买进。当工业股平均指数升至 105 点时，一次长时间的下跌过程开始了，这次的下跌一直持续到了 12 月 21 日。在此期间，每天的交易量达到了 300 万股，平均指数跌到了 67 点，这是 1917 年曾经出现的低位。由本书的后文可以得知，我对 1920 年股市所做的预测也非常准确，甚至连这次下跌行情开始的具体日期都准确地预测到了。

在这一轮下跌过后，1921 年 5 月出现了一次快速的反弹，股价涨到了 81 美元。股市在到达顶部之后变得迟缓且极不活跃，这说明股票供过于求。5 月 10 日前后，又一次清盘突然开始了，股价随之开始继续下跌，一直到 8 月份清盘结束才有所好转。这时，平均指数已经跌到了 64 点。这就是正常区域下方的第三个区域，即最不景气的区域，也是最适合吸筹和买进的时机。这与 1919 年 10 月份狂热的派发区域完全相反。

1921 年 8 月下跌过后，股市开始缓慢反弹，其中我准确地预测到了当年 5 月份的顶部和 8 月份的底部。

在小幅的反复和继续爬升中，1922 年 10 月股价上升到了 103.42 美元，这时派发开始了。1922 年 11 月股价暴跌到了 92 美元，比派发区间的底部低了 4 个点。我在 1921 年 12 月做出的对 1922 年股市的预测，准确地预测到了 10 月份最终高位的确切日期以及 11 月份的下跌行情。

可以看到，截至 1923 年 1 月，派发已经连续进行了大约六个月。1923 年 1 月，股价仅反弹到了略高于 99 美元。在我看来，在平均指数跌至 75 点甚至更低点位之前，股价不会比 1922 年 10 月的顶部价格高出 3 个点。1923 年年初的每次反弹都会引起派发，而 1923 年秋，股市将会出现令人恐慌的行情，届时股价将会暴跌。

专家解读

本章江恩对另一个明星板块工业股的高低点进行了分析，所表述的意思基本和上一章一致。唯一的区别在于，本章重点描述了一些个股在股价涨或跌至特定价格后的表现，并依此预判未来股价可能选择的方向。根据交投是否活跃、所处的位置和历史的高低点等这些因素，就可以预判主力在这一盘整区间的意图。但是，在突破区间高低点之前，只能做到近似的程度。

第二十五章　低价股的吸筹——玉米制品股

　　回顾一下股市的历史，你就会发现：大多数曾经高价卖出（即卖出价格为每股 100～300 美元）的股票，早期的卖出价都非常低；很多已经成为领头股的股票吸筹时的价格都曾低于 25 美元。从玉米制品股走势（如股市行情变化图 9 所示）中就能找到这样的例子。

　　在 1906 年的大牛市中，玉米制品的卖出价是 28 美元，这也是当年的最高价。到了 1907 年的熊市，股价跌到了 8 美元。在 1909 年的牛市中，该股上涨到了 26 美元，却还是比 1906 年的最高价位低了 2 个点。1911年，该股跌至 10 美元，1912 年上涨至 22 美元，这一次又没能达到 1909年的最高价位。1914 年，该股跌至 7 美元的历史最低价位，1915 年又迅速上涨至 21 美元；1916 年，该股攀升到了当时的历史最高价位 29 美元，比 1906 年的价位高了 1 个点。1917 年是熊市年，很多股票的卖出价都降到了多年以来的最低点，但玉米制品股只降到了 18 美元，并且在年底以前售价就上涨超过了 29 美元（1916 年的最高价位）。股价攀升至新高，超过了 10 年来的所有售价，这说明吸筹已经完成，该股很可能会大幅攀升。因此，正确的做法就是，只要走势看涨，就要顺势追涨。

　　1917 年下半年，该股升到了 37 美元，在当时的熊市年创下了新高，这说明买盘的力量足以使该股逆市上涨。当一只个股的售价连续多年都一直没能超过一个特定价位时，很多人都会认为当该股达到或超过该价位时肯定会出现回落，这种判断是极端错误的。1918 年，股市出现了很多不合常理的情形和价格回调的行情，所以不能说这一年是一个牛市年。但玉米制品股却攀升到了 50 美元，而且当 1919 年 1、2 月间其他股票大幅下跌时，该股也只跌到了 46 美元，仅仅从最高价位下跌了 4 个点。

随后，1919 年的牛市行情开始了，玉米制品股开始上涨。该股的顶部和底部继续不断向上攀升，说明供不应求；股价在 1919 年就上涨到了 99 美元，1920 年春更是涨至 105 美元。看一看每周和每月的股市行情变化图，你就会发现，当股价到达这一价位时，派发就发生了。事实上，该股迅速攀升至顶部后很快又回落到 88 美元，然后再次反弹至 97 美元后才显示出弱势来。之后，该股走势下跌，于 1920 年 12 月份跌到了 61 美元；后来在 1921 年 3 月升至 76 美元，6 月又跌到了 59 美元。

实际上，这时该股股价只比 1920 年的最低价低 2 个点，说明有人在该价位附近吸筹，所以该股正处于很强的上涨阶段，这时应当买进，并在此价位下方设置止损单。接着，该股先是升到了 68 美元，然后又下挫到 64 美元；在 1921 年 7、8 月间有人吸筹时，该股一直维持在 64 ~ 68 美元的狭窄区间内。随后该股又开始上涨，在几乎没什么回落的情况下，一路攀升到了 105 美元，这也是 1920 年的最高价位。当然，该股在这一价位附近遭遇了强力卖出，这是因为很多人都认为，如果股票创出历史新高，其价格就已经够高了。

1922 年 3 月，该股攀升到了 108 美元，比 1920 年的最高价位高出了 3 个点。这说明虽然该股受到了强力卖出的压力，但还是有人在吸筹。1922 年 5 月，该股在此价位附近变得很不活跃而且成交量也很小，说明卖盘的压力正在消退。于是，该股开始缓慢上升，逐渐抬高阻力位，一直持续到 1922 年 8 月份。这时，该股突破了 1922 年 3 月份创下的 108 美元的高价位，在五六个月的时间里只回落了 9 个点，而且还创下了新高，清楚地说明走势在上涨。只要该股走势看涨，你就应当买进并追涨。

1922 年 10 月 21 日的那个星期，该股上涨到了 134 美元；随后下跌到了 124 美元左右；接着又在反弹了五六次后达到了 132 ~ 133 美元的价位，但却没能达到 10 月 21 日的高价位。从 1922 年 10 月开始，一直到我着手写作本书的 1923 年 1 月 12 日，该股仍旧维持在 124 ~ 134 美元的交易区间。这就说明，该股已经到了遭遇较强阻力和大量抛售的价位，正确的做法应该是卖出长期持有的股票转而做空。如果该股跌落到 124 美元以下，就说明派发已经完成了，然后应当杀跌，一直到该股遭遇阻力，吸筹开始为止。

专家解读

低价股的吸筹过程是很多人都梦寐以求的，这和如今人们的消费理念近似，价格便宜量又足。我记得江恩在《江恩股市趋势理论》一书中曾专门探讨 1 美元以下的股票，最后的结论是，仅有25%的股票最后被摘牌，其余75%的股票都翻了几倍，甚至十几倍。这或许是一个投资思路，因为在 A 股，退市机制尚不完善，壳资源相当珍贵，或许能有更大的收益。这里有一点需要说明，针对在底部吸筹的低价股，如果你没有超级的耐心，那么请不要碰。

第二十六章　怎样监控投资

许多人对待投资就像对待自己的健康一样，一般不想去看医生，除非病情已经很严重，但到那时就已经晚了。比起早期去看医生并注意预防疾病的人，这些人可能要多花上 10 倍的钱用于治疗。因此，作为投资者，无论你是投资金边债券还是优先股，都应当至少每年咨询一次专家，看看自己手上的证券是否有不利的迹象。一旦发现有情况变坏的征兆，就应当把投资的证券卖出，绝不能等到大家都在卖出时，才被迫在清盘的股市上去抛售。遗憾的是，很少有人愿意每年都花钱咨询投资专家，询问一些专业科学的建议，即使仅仅花 25 美元。直到他们损失了成千上万美元时，才愿意花上几百甚至几千美元得到一些有用的信息，而此时专家建议对已经造成的损失起不了多大作用了。亡羊补牢对于投资的亏损来说实在是没有意义。

法国债券

谁都不能保证你所选择的那些股票或债券都能赚到钱。做生意也不可能一次都不亏，投资生意中的本金偶尔还会很快亏光。如果发现自己的一项投资表现出了不利的迹象，就要在第一时间抛出，千万不要犹豫。很多人因为看到法国债券的利率是 7% 或 8%，就以 107.5 美元和 108 美元的价格买进。关于为什么对这些债券支付不正常的投资收益，仔细思考一下我们就会知道：法国政府的信用出了问题，否则只要他们的证券是金边证券，就不必支付那么高的利息。当这些债券跌到 99 美元时，就

161

是一个危险信号，投资者应当立即把债券抛出去。但很多投资者认为，这些债券可能会带来高收益，从而就没有那样做。现在，那些八分利的债券已经跌到了 93 美元、七分半利的跌到了 89 美元左右，要想在短时间内恢复到其票面价值，现在看来毫无希望。所以，那些因期望获得更高利润而买进这些债券的人，现在只能眼巴巴地看着自己的资本缩水 7% ~ 10%，而那些利息也都化为了泡影。

转化成投机证券

与其事后后悔，不如在开始时就选择安全的投资方式。现在很多大庄园都已不复存在了，在上一辈人的投资开始缩水时，年轻的一代拒绝把这些投资转化成一些更好的东西。很多男人都把大量的资产换成四分半利到五分半利的金边投资证券留给了他们的妻子。他们买这些证券本来是为保险起见，为了保护本金，而不是要取得大笔的收益。而女人则想要得到一大笔收入，就把这些金边证券全部卖掉，去买进投机证券，她们以为这样做可以赚到高额利润，结果常常是几年之后，发现自己不但没有获得任何收益，反而亏掉了一半的本金。赌博心理非常强的人，不到万不得已永远也不会想到要保证安全。他们总是听信那些债券推销员所编的故事，而这些暴发户式的阴谋家们总是利用人们的赌博心理，把他们安全的投资换成投机证券去赌博，结果百分之九十都会以亏损告终。

识别与调查

第一次世界大战之后，我们正在进行着战后重建工作。与以往相比，识别就更显重要了。每个投资者都需要专家级的服务。很多人认为，只

要他们买的债券是 J. P. 摩根公司、库恩罗布公司（Kuhn Loeb&Company）
或是花旗银行（National City Bank）出售的，那就是有保障的金边债券。
但其实这些银行也只是为了拿到佣金而承担了出售债券的业务，他们并
不为债券提供担保，而他们销售每一种债券都能拿到钱。最好的机构有
时也必须处理一些不够稳妥的业务，千万不能未对债券价值进行调查，
而只因为出售证券的机构久负盛名就去购买。法国政府的各种证券都是
由最高级别的银行家们发售的，可这并不能保证这些债券价值不会缩水。
把债券卖给你的那些银行家们并没有保证说他们会支撑市场和阻止债券
下跌。

自由公债

再好的债券有时价值也会缩水，这是由供求关系所决定的。目前为
止，美国政府的财力是世界上最为雄厚的，早在 1918 年战争结束时就已
经如此。那么，自由公债为什么还会跌到 85 美元左右呢？这是因为人们
手里的自由公债多达几百亿美元。当 1920—1921 年的大萧条来临时，人
们手中只有公债却没有现金。所以，当他们需要现金时，唯一的办法就
是卖掉公债。结果，人人都要出售公债却没人购买，公债自然就贬值了。
大投资商们以低价位吸纳了这些公债之后，其价格才慢慢地回升到了 100
美元。

阿奇森铁路股

很多人都认为，肯定有一种很好的投资方式永远也不会贬值，但他
们忘了这样一个事实，即价格是由供求关系决定的，有人卖出就一定要
有人买进。如果买方数量很少而卖方数量很多，股票或公债就会贬值。

假如你在 1915 年持有一些阿奇森铁路股，当时该股先是涨到了 111 美元，在下挫到 105 美元之后又反弹到了 108 美元。从股市行情变化图上，可以看到该股在 1916 年全年和 1917 年的部分时间里一直都没能超过这一价位。这就说明该股在达到 111 美元的价位之后，出现了供过于求的局面。由于投入资金带来的回报要低于当时的高利率，这时投资者应当把阿奇森铁路股抛售出去，并等待有利时机再买进。1917 年下半年该股暴跌，一下子跌到了 75 美元。1920 年，该股的价位一直保持在 76 美元左右，先后四五次达到了这一价位。这就说明，该股得到了支撑，此时价位形势与其在 108 美元附近时截然相反。由于供不应求，股价停止了下跌。当该股在低价位被吸纳之后，股价随即开始攀升，并于 1922 年 9 月再次升至 108 美元。该股在这一价位维持了较短的一段时间，而且并没有突破 1916 年的高价位。这又是应该卖出股票、等待观望的时机。随后，阿奇森铁路股于 1922 年 11 月跌落到了 98 美元。如果它达到供不应求的价位，那么就又是一次买进的时机，但这可能还要再等上几年的时间。

专家建议的价值

投资者应当绘制一张自己所有投资项目的行情变化图，只需花上一点儿时间，坚持及时更新图上的月度峰值和谷值，就能从图中看出什么时候应该退出。如果你对自己的判断没有把握，就要去寻找可靠的专家服务。很多人不愿意每年花上 100 ～ 200 美元去听取投资专家的建议，可如果他们能够理智地看待这个问题，就会认识到，没有专家的建议是不行的。看一看本人的服务收费标准——每年花 100 美元，就能得到我编制的《股票年度预测》（*Annual Forecast on Stocks*）以及每月一期或间隔更短的补充材料，这样，你就可以随时向我咨询对任意一项投资的意见，以及如何改变投资策略的可靠建议，确保避开风险去赚更多的钱了，而每年的支出只不过是 100 股股票的一个点。很多人拿着成千上万股的股票，任由成千上万的美元从他们的投资中白白流失。如果他们每年花上100 美元接受服务，就能挽回比服务费多上几百倍的损失。

专家建议不但能帮助你免受损失，还能帮你及时获取利润。如果你清楚地感觉到自己的健康出了问题，千万不要等到它恶化到无药可救的地步才去看医生，应该立即听取专业的医学建议，即使花再多的钱也不在乎。从某种意义上说，投资要比人们的健康更为重要，如果你因投资严重缩水而心生焦虑，那么你的健康就肯定会受到损害。我在华尔街看到过很多人因为亏钱而焦虑，从而危害到了健康。所以，专家的科学建议有着双重功效——既保护人们的健康，又保护人们的资本。

在华尔街，赚钱的机会比其他任何生意都多，但只有具备了丰富的投资知识，你才能发现这些机会。

机遇

抓不住机遇的人总说命运太糟，
当机遇来敲门时你却没有听到；
其实机遇每天都候在你的门外，
等你醒来助你努力去战胜失败。

当珍贵的机遇溜走时不要叹息，
黄金般年华逝去时也不要哭泣！
让璀璨的夜空抹去白天的不快，
黎明日出，希望的花朵又将盛开。

任辉煌淡去也要灿烂地微笑，
繁华消逝亦沉默淡然地面对；
把逝去的封存在昨天，
机遇就在今天或明天。

身处逆境时不要轻易放弃，

机遇只属于自强不息的人，

即便不慎失足而遭人唾弃，

仍能重整旗鼓，重新做人！

岁月的无情让你扼腕叹息吗？

人生的重挫令你忧虑感慨吗？

只有翻过被历史涂乱的档案，

才能找到白雪般明亮的新篇。

若为忏悔者，就要走出魔咒！

若为罪孽者，更要献出宽容。

清晨的朝霞为你插上飞翔的翅膀，

朗夜的星辰将你引向完美的天堂！

——沃特·马龙（Walter Malone）

专家解读

关于如何监控自己的投资，我的建议是，当今网络是一个开放的媒体资源，随时可以找到自己需要的信息。另外，也有很多致力于研究证券市场的民间人士，交易者可以跟随他们，或者依据手头能找到的资料自己做出独立的判断。

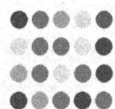

第四篇

期货交易

有一种行为准则，阻隔所有信息，抵制任何争议，让你永远处于无知当中！这种行为准则就是不做调查便无端指责。

——斯宾塞（*Spencer*）

第二十七章　如何进行棉花交易

　　无论是投资还是投机，棉花市场每年都有一些获利的好机会。从事期权交易跟买卖股票一样是合法的。人们没有必要买断现场交易的棉花，然后运到仓库，为其支付保险和仓储费用。如果现场交易棉花会上涨或下跌，那么期货的波动幅度要比现货大得多，而且就算利润达不到要求，持有期货也不需要任何花费。

　　棉花的价格是由供求关系决定的。对棉花期货市场做出正确的判断要比股市容易得多。因为，股市上个股和股票类型数量太多，走势错综复杂，在某些股票下跌的同时其他股票则在上涨。而棉花则不一样，如果一种期权上涨，那么所有期权都会上涨。你可能对某种类型的股票做出了正确的判断，且买入了一只波动缓慢的个股，结果也赚不到什么钱；但做棉花期货交易就不会出现这种情况，只要你对走势的判断是正确的，就肯定能赚到钱。如果从事棉花期货交易的人拥有一定的资金，且懂得用止损单来保护自己的资金和利润，就能比做股票的人赚得更多，在棉花期货市场活跃时尤其如此。

　　在美国南方各州，种植棉花的人最大的问题就是过于乐观。他们眼中的棉花期货市场总是朝着一个方向变化，不管棉花的价格有多高，他们总是持有等待，希望价格能继续攀升。正因为如此，他们当中90%的人因为拒不承认期货市场有涨有跌而遭受损失。他们无视期货市场的下跌走势，遇上熊市也拒绝做空。我认识很多从事棉花期货交易的人，他们都是在价格走高的时候买进棉花，然后眼睁睁地看着价格一天天下跌，每 100 包就要损失 1000 ~ 2000 美元，而造成这一损失的原因仅仅是因为这些人希望价格还会上升而继续持有。投资者应记住一条规则——如果只是为了期望而持有，那么就赶快退出吧！如果没有合理的理由，就不要进行交易，只有在市场朝着对自己有利的方向发展时才可以持有。

从以往的记录来看，如果棉花的价位极高，那么一旦开始下跌，其速度就会很快并且会持续很长一段时间。1920 年春，棉花的售价大概是每磅 37 ~ 38 美分；同年 12 月，就下降到每磅不足 15 美分了。在这种情况下，如果一个人手上持有很多却拒绝卖出，一心想着价格会反弹，那么他能有多少机会呢？后来棉花售价继续下跌，尽管有过几次反弹，但直到 1921 年 6 月跌到 11 美分时才停止。当然，对于逆市卖空却满怀希望地坚持不平仓的人来说，情况也是一样。1921 年 8 月中旬，棉花的售价是每磅 13 美分左右，接着便开始攀升了，30 天内就涨到了每磅 21.5 美分。因此，交易中要注意的唯一一件事就是：减小损失且顺市而动。弥补 20 点或 30 点的亏空相当容易，但要挽回 200 ~ 400 点的损失就非常困难了。在交易中一定要减少损失并积累利润，同时要记得，利润必须使用止损单来跟进，如果你让到手的大笔利润从指缝中溜走，那就像不加保护而损失本金 样愚蠢。

报告、新闻、传言和观点

有些情况下，对于一些农业信息的准确性需要加以考量。棉农们都希望棉花能卖个好价钱，棉花价格无论是涨还是跌，他们都容易走极端。如果棉花收成不好，他们就会夸大损失；如果棉花收成很好，他们很可能会过于乐观并夸大收成。虽然种棉花的人和购买棉花的纱厂要求恰恰相反，但他们都要争取自己的利益，这也无可厚非，因此对于他们的说法和观点，你也不能完全认同。

大盘会告诉你多数人的意见，展现买卖双方的优势，并显示依据供求关系决定的走势。如果新闻、报告以及个人的意见观点与股市行情变化图和大盘相抵触，那么就不要理睬，因为最终起决定作用的是供求关系。即使听到或看到关于收成不好的消息，只要卖盘比买盘力量大，价格还是会下跌。同样，即使有关于收成好的消息，倘若买盘超过了卖盘，价格也还是会上涨。当然，期货市场的总体走势不会长期与自然情况相抵触，但供求关系决定着价格，而市场会贴现将要发生的事情。因此，在对任何好消息或坏消息做出反应之前，一定要相信自己的股市行情变化图，正确地解读它和大盘的指数，核实消息，要知道该消息即将被贴现。

投资者不要过于频繁地进行交易。在市场上跳进跳出会扰乱自己的思路，交易次数越多，出错的机会也就越多，对己不利的概率就越大。只要等待正确的时机，就能始终盈利。如果连续两三次交易都赚不到钱，就必须承受损失，最好退出观望一段时间，一直等到能够准确地判断市场走势为止。旁观者清，当局者迷，脱离市场所做出的判断要比身在市场时的判断更准确，因为这时候你不会被自己的期望和畏惧所左右。

无论在新奥尔良棉花交易所，还是在纽约棉花交易所，或是在利物浦进行交易，一旦一波行情开始，市场的走势都是一样。利物浦可能会有某一天跟纽约的行情相反，但很少有两天都保持相反的情况，纽约和新奥尔良也是一样。这些市场的走势总是沿着接近平行的轨迹发展着。

所需资金的数量

交易者容易忽略的最重要的事情之一，就是不知道要在棉花期货交易中获得成功需要多少资金。很多人认为，当棉花价格正常（每磅 9 ~ 12 美分）时，交易 100 包棉花只需两三百美元就足够了。但从财务角度来说，这无疑是一种自杀行为。原因在于，如果一个人在第一手交易中损失了 20 个点或 30 个点，那么他的资金就不够做第二手交易了。进入棉花期货市场就像参与其他生意一样，用赌博式的方法去做是不可能取得成功的。如果把投机或投资当作一种业务，大概经过数年就能积累到不少财富；但如果把这当成赌博，幻想一夜暴富，肯定会赔光所有的钱，而剩下的就只是一点点奢望了。

如果棉花的价格像 1915 年以来的售价每磅 15 ~ 40 美分这样高的离奇，投资者就需要有大笔的资金，这是因为止损单常常会发挥作用，同时利润也要高出很多。若进行 100 包棉花的交易，就要用到 2000 美元的资金，再少就不安全了。这些钱不是用来在形势不利时买进 100 包棉花且固执地持有的，而是用来在支付几笔少量的损失之后，保证仍然能有足够的资金去继续交易，以便适时出击并赚更多的钱。

止损单的正确用法

在正常的市场上，如果波动幅度比较小，止损单上的止损点位就不应当超过 20 点。而如果震荡幅度很大、表现异常活跃，止损点位就应当在 40 点左右，一笔交易中最多可能有 200 美元的风险。如果你有 2000 美元，做五笔交易损失了一半资金之后，又做了一笔交易赚了 200 点利润，这样就刚好平衡保本。而大多数人交易的方式恰恰相反——他们只赚到了20~40点的利润，却亏掉了200~300点，根本就没有机会在棉花期货市场上取得成功。当然，在进行交易之前，应当尝试判断走势，并尽量做到正确无误。如果发现自己判断失误了，只有一种办法是绝对安全的，那就是主动退出市场或者通过下止损单来保护自己。

　　一旦决定下单止损，就不要取消，也不要把止损点位改成一旦被套就会造成更大损失的点位。如果下了止损单后反而比原来损失更大，那么只能说明你的做法99%是错的。有时，行情对自己有利，你只要撤销委托单来获利就可以了，但千万不能取消止损单。止损越早，对自己的资金和判断越有利。在情况不利时，如果不从市场上退出，你的判断就会更差一些。实际上，在那时你就无法做出判断了，只是希望市场会逆转，按照自己的想法发展。

如何进行金字塔式操作

　　在行情快速变化的市场上，你可以进行金字塔式操作。当然，安全的操作频率是由市场情况决定的。一般来说，买进100包棉花，就要等到行情往有利的方向上发生60点的变化之后再次买进。然后，在交易量达到200包时下单止损，这样即使止损发生了，也不会像第一次买100包棉花时的风险所对应的损失那么大了。

　　我们假设第一批100包棉花确定的止损点位是40点，也就是200美元的亏损。现在，买进或卖出了第二批100包，在交易200包棉花时确定的止损位置要相距40点。如果止损发生，你的后一批100包将损失40点，但前100包却能赚到20点。这样，即使第一笔交易对你不利，现在你的损失也要少一些。如果行情继续朝着有利的方向发展，且止损没有发生，那么你就可以根据涨跌变化继续买进或卖出了。但要记住，行情越是有利，这波行情结束的时间就越发接近。在长时间的上涨到接近顶部时，一定不要加大买进的数量；而在长时间的下跌接近底部时，也一定不要加大卖出的数量。

棉花的跨式交易或套期保值

很多棉花交易商都认为，他们可以把一种期权卖出，再买入另一种期权，利用跨式交易把两种期权更密切地结合起来获取利润。这种做法的结果往往事与愿违，不但没有赚到钱反而还亏了很多。如果你判断不了市场的走势，就不要尝试同时进行两种交易。当交易商们算出一种跨式交易肯定会赚到钱时，总会发生一些事情使他们的如意算盘全部落空。一位交易商曾对我说："我的经纪人给我推荐了一种既安全又保险的跨式交易，我满心欢喜地按他说的去做了，可结果却把我扯成了两半。"绝大多数跨式交易的结果都差不多如此。

还有一种严重的错误也是交易商们经常犯的：当他们买入一种期权而行情不利时，他们总是看不到自己的错误，并拒绝接受损失，进而卖出另一种期权来套期保值。这样，他们在市场上既是多头又是空头，想要退出时又必须兼顾两头，根本就没有两全之策。他们总是终止有利可图的交易，却继续已经出现亏损的交易。这样，套期保值的效果就完全与他们的期望相反了。如果在市场上同时进行两个方向的交易，那么就无法做出明确的判断，因为只顾一头就已经够糟糕的了。因此，不要使用套期保值和跨式交易，尽量在看清走势之后再行跟进。

专家解读

不得不说，期货行业确实是高风险、高利润的杠杆交易行业。我在期货市场有过爆仓的经历，所以提起来恨多过爱。但是，不耽误我的一个同学在期货市场上发了大财，他现在已经举家移民至海外了。就期货本身而言，杠杆交易，T+0和可以做空，其丰富程度远胜于股市。纵观江恩的理论，都是日内突破买卖，当然这期间肯定要经历反复砍仓的过程，下手要狠、准、稳。我那位同学是做场内日内交易的，不需要看大趋势，逮住一个品种每天交易几十次。江恩所讲的是大趋势，时间跨度大，还需要不断地把即将到期的合约品种换到更远到期的合约品种上去。从江恩所讲述的金字塔操作、止损和套期保值等交易方法来看，依然延续了股票的操作风格，如趋势跟踪、突破买卖等。这基本上就是江恩交易的核心和灵魂。

第二十八章 正确解读棉花期货大盘

　　如前文所述，棉花期货市场是由供求关系决定的。解读棉花期货大盘与解读股市大盘的唯一区别在于，棉花期货大盘并不显示每笔交易的交易包数。如此一来，要想正确判断走势有时候会有些困难。但尽管我们不知道每笔正在交易的数量，大盘的波动也还是能很清楚地显示出成交量是极大还是极小。当有大量的买进或卖出时，市场不会一成不变，总是要朝着某个方向发生变化。因此，我们可以从股市行情变化图中看出是否正在进行大笔交易。当波动幅度很小且市场不够活跃时，就说明交易量降到了很小的规模，此时没有大的行情出现。对此，你唯一要做的就是密切关注，等到有大动作出现时再适时跟进。

　　解读棉花期货大盘的最好方法与解读股市大盘一样，就是从中脱离出来进行观察，并绘制一张股市行情变化图仔细研究。避开经纪机构和无处不在的传言的影响，因为它们会干扰你的判断，让你无法正确地判断市场走势。

　　棉花期货大盘和股市大盘一样，经常会误导人们，这是因为当地的天气状况好坏会引起大盘迅速地下跌或上升，但这些并不能改变大盘的主流趋势。而且，在解读大盘时，大盘有时会显得极强或极弱，对此你可能会信以为真，并立即开始行动。事后却发现，你其实是在高位买进或是在底部卖出的，随后当主要走势恢复时，你才发现自己做错了。当然，大盘又悄悄带来希望，而你则会继续持有。但如果远离大盘，你就能根据自己的规则去进行交易、下单止损，不会受到希望或是畏惧的影响。无论波动大小，这一规则同样适用，大幅下跌之前总会出现派发的过程，而大幅上涨之前也总要有一段时间进行吸筹。

派发或顶部区间

　　行情变化图 13 反映的是从 1919 年 11 月到 1923 年 1 月的十月棉花期货的行情变化。其中包括所有重要的顶部和底部，吸筹和派发。注意，从 1919 年 12 月 6 日到 13 日，棉花期货从 2970 美分跌到了 2700 美分；随后于 1920 年 1 月 17 日升到了 3140 美分；又于 2 月 7 日再次下跌到 2760 美分。之后的一个星期，行情在形成了一个比前一年 12 月份略高的谷底之后开始反弹。注意，在此之后底部和顶部都在逐渐升高，这一上升过程一直持续到了 4 月 17 日，价格涨到了 3715 美分，其间每个星期都有所提高。截止到 4 月 24 日，大盘上升到了 3725 美分的最终高点，随即便迅速跌至 3430 美分，但由于派发尚未完成，因此还需要一段时间。接着市场便大幅波动，先后几次上冲到了接近 3700 美分的价位；5 月 22 日反弹至 3530 美分；但 7 月 3 日的下跌正如你所看到的那样，一举跌破了派发区间，这就是说，大的走势已经急转直下，每次出现反弹，棉花期货都出现了卖空。

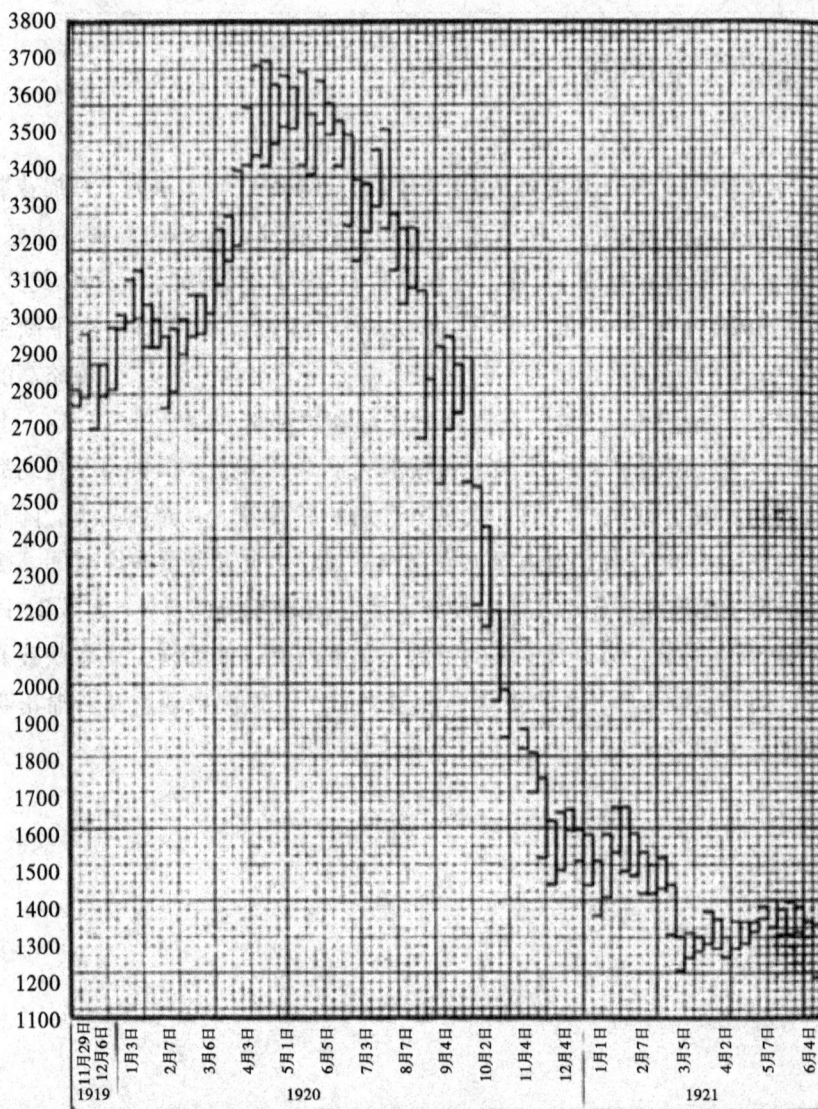

行情变化图 13（1） 十月棉花期货每周峰值和谷值
（1919 年 11 月—1921 年 6 月）

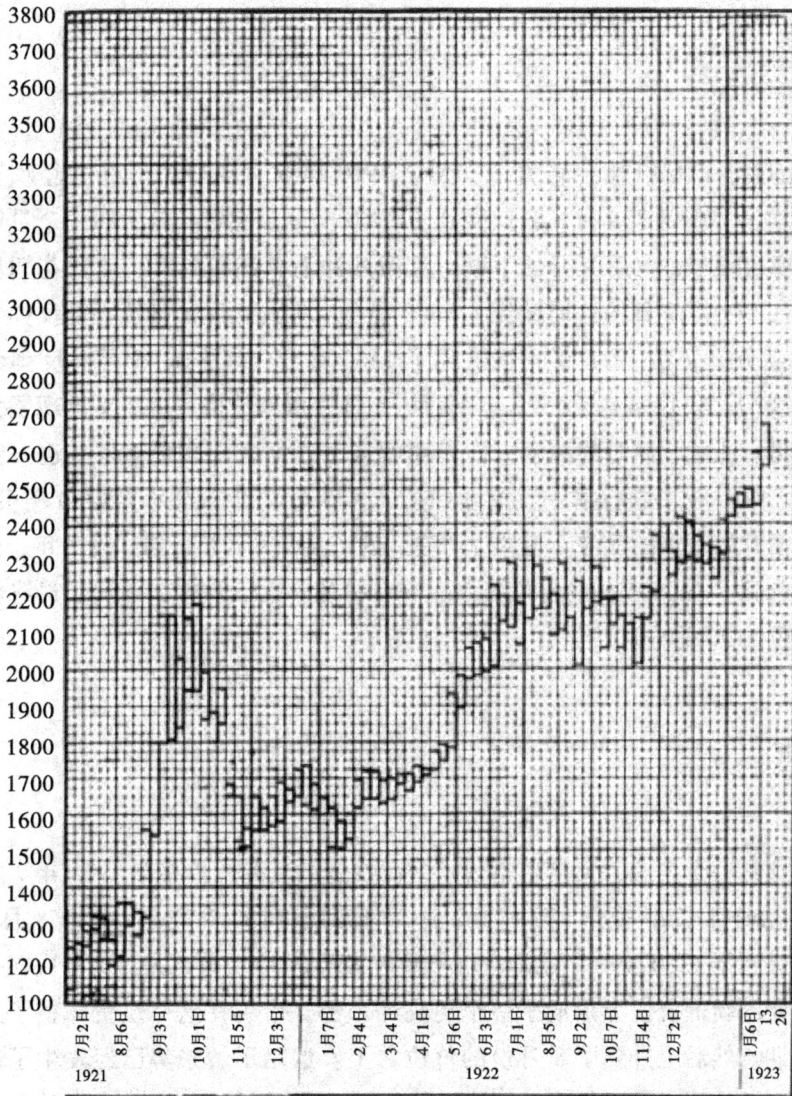

行情变化图 13 (2)　十月棉花期货每周峰值和谷值

(1921 年 7 月—1923 年 1 月)

179

清算

随后，市场行情急转直下，到了 1920 年 9 月 4 日，价格已经跌至 2550 美分，但又于 9 月 8 日反弹到了 2960 美分。注意，随后的一个星期波动幅度很窄，之后又开始下跌，且激烈的清算还在继续，使棉花期货价格在 11 月 27 日的这周跌到了 1440 美分。在此之后，行情一度反弹到 1650 美分，又在 1921 年元旦跌到了 1360 美分，1 月 22 日再次反弹到 1640 美分，仅仅略高于 1920 年 12 月 18 日的顶部价格，从而又出现了大量卖出。注意，此时的波动方向是窄幅向下，但底部和顶部都在进一步走低。这一波下跌行情一直持续到了 3 月 5 日，价格跌到了 1200 美分，此后便开始缓慢的反弹。正如你所看到的，在 5 月到 6 月初这段时间，价格回升到了 1400 美分的价位；但在 6 月份的一次下跌中，跌到了最终的低价位 1120 美分。

吸筹

这是一个尖底，紧接着出现了一次快速的反弹，价格于 1921 年 7 月 16 日抬升到 1320 美分，随后于 7 月 30 日回落到 1190 美分，又于 8 月 6 日反弹到了 1350 美分，这是自价格跌破每磅 3000 美分以来，第一次在一个重要的新低价位上形成了一个更高的顶部。市场在这一位置休整了几个星期，然后上升到了 8 月份的价位之上。这暗示着趋势已经发生了改变，到了该买进的时候了，因为在经历了几个月低价位上的窄幅波动之后，价格变得非常活跃，随时可能上升。现在，当高于 5 月和 6 月所有顶部的 1400 美分这一价位被突破后，便再一次明确地表示一波大的行情开始了，此时正是进行金字塔交易的价位。1921 年 9 月，价格快速上涨，并且突破了 1920 年 12 月和 1921 年 1 月所形成的高位。到了 9 月 10 日，价格已经达到了 2150 美分。随后出现了一次快速回调，下跌到了 1810 美分附近。而这正是回调开始后止损单将你带出场外的价位。

你不要期望在吸筹或派发之前就出现一次大的上升或下跌行情。市场在略高于 1800 美分的价位停顿了几天，然后就反弹到了 2150 美分。这时就应该做空，并在原来的顶部之上 30~40 点的地方设置止损单。此后，价格再次降到了大约 1930 美分，市场此时变得迟钝且变化幅度极小。后来行情开始走高，在 1921 年 10 月 8 日反弹形成了一个略高的顶部 2175 美分，但在 11 月 19 日的那个星期又下跌到了 1520 美分。随后是几个星期的反弹，价格于 1922 年 1 月 7 日升至 1730 美分；随后下跌至 1510 美分，与 1921 年 11 月 19 日的低位形成了双重底。这时就应该买入，并在前一个底部以下 30~40 点的地方设置止损单。

牛市的第二阶段

在这之后，行情开始缓慢上涨。1922 年 2 月 25 日，价格上涨到了 1720 美分，略低于 1 月份的最高价位。随后的一次回调又使价格跌到了 1640 美分，此时行情表现非常不活跃而且震荡幅度也很窄。当出现这样的价位时，应当等待观望一下，看价格究竟是会跌破 3 月 4 日那个星期第一次出现回调时的价位，还是会向上突破 1 月 7 日的高价位。在 4 月 22 日的那个星期的末尾，价格突破了 1 月份和 3 月份的高价位。这就说明，走势已经转而向上。由于大量买进早就开始了，我们可以肯定将会出现大幅的攀升。此后走势一直看涨，在 6 月 24 日达到了 2290 美分，没多久价格便跌到了 2070 美分，但又迅速反弹到了 2325 美分。这时候，接近高价位的行情再次出现了呆滞和窄幅震荡的情况，此时你就应当全部抛出并开始做空了。

阻力位

在 1922 年 7 月 29 日的那个星期，价格跌到了 2090 美分；接下来的一个星期继续下跌，在 8 月 5 日跌到了 2000 美分；8 月 26 日价格反弹至 2290 美分，仍然没能突破 7 月初和 8 月份的最高价位。这就说明，2300 美分上下是派发线，应当全部抛出去做空，并在比原来的顶部高出 30 ～ 40 点的点位上设置止损单。紧接着又有一次下跌，价格在 9 月 30 日再次跌到了 2000 美分，这曾是 8 月 12 日达到过的价位，此时就应当平仓、等待，或者是买进，并在该价位以下 30 ～ 40 点的点位设置止损单。而事实是，后来的价格并没有跌到该价位以下。

牛市的第三阶段

价格又开始上涨了，市场行情迅速升温，突破了 2300 美分和 7、8 两个月的所有顶部。这就说明，价格还将进一步攀升。到了 1922 年 10 月 28 日的那个星期，价格上升到 2400 美分之后就回落到了 2260 美分，然后再次反弹冲击了历史新高 2415 美分。但行情变得非常呆滞且震荡幅度极小，如果你已经下单止损，那么在出现回落时止损单也就起效了。另外，要注意观察的点位是 11 月 4 日创下的最终低价位。当价格在 12 月 9 日的那个星期到达这一价位时，如果你已经买进而且在低于该价位 30 ～ 40 点的点位上设置了止损单，这时止损单就不会起效。之后，价格开始上涨，行情持续走高，最终十月棉花期货的价格在我开始撰写本书的 1923 年 1 月 24 日涨到了 2677 美分。在这些高价位上完成派发之后，就会出现一次长时间的下跌行情，价格将会跌到 1500 美分或稍低一点儿的价位。

只需一张行情变化图，你就能学会解读棉花期货价格涨跌的大趋势了。无论是窄幅震荡的正常行情，还是价格极高的异常行情，都适用同样的规则。我曾经用这张行情变化图来解释交易的规则。你也可以用它来分析过去或将来任何时候任意一种期货的情况，你会发现市场的运动规律基本都是一样的。

对活跃的期权进行交易一般都能赚到钱，但不要在这些品种临近到期日时才去交易。在临近交割日期时才去寻找大幅震荡和捡便宜的机会是毫无用处的，买进期权时一定要买那些能够顺利交割的期权。

专家解读

由于期货品种具有一天内可以多次进出的交易特点，导致在研判期货品种的顶部和底部时和股票有很大的出入。期货品种的持仓量和股票的成交量完全不是一个概念。根据江恩在本章的叙述，他认为趋势停滞后的大幅波动，依然是顶部或者底部的重要和根本特征。由于期货的杠杆因素，期货品种的涨或者跌往往都比股票要凶悍。江恩也讲到，每当上涨一段时间之后，一旦出现窄幅震荡和呆滞的市场走势，应该清仓观望或者做空。对于低点和高点以及支撑位的分析，江恩基本上沿用了股票分析的那一套理论。需要指出的是，江恩为什么能在期货界也俨然成为一位大师级的人物呢？这可能在于其精于计算这一点。或许他没有将自己计算时间周期和价格点位的秘诀公之于众，但他在某种程度上确实掌握了这种技巧。

第二十九章　如何判断走势的变化

当行情波动幅度很小时，应当把一天当中出现的每10点的变化都记录在行情变化图上。这样，就能看出是否正在进行吸筹或派发，并找出阻力位形成的位置，当期货的价格有所突破且进入新的区域时，就能够紧跟走势。在那些价位很高且波动幅度很大的活跃行情中，10点的震荡并不能说明问题，这时你应当记录一天当中那些30~40点的变化，从而确定阻力位，并判断出何时会突破吸筹或派发区间。

对于自己正在交易的活跃期权，要坚持绘制每月、每星期和每天的高低价位行情变化图。每天只需花上15到20分钟的时间，就能获得丰厚的回报。行情变化图的价值在于确定其获得或失去支撑的价位，以及在上升行情中遇到和跨越阻力的价位，这样你就能在尽最大可能保护自己的情况下买进、卖出或设置止损单。

在剧烈的上下波动之后，市场总会稳定一段时间，然后才会开始下一波行情。此时的买进和卖出大致平衡，而且行情也只是稳定在较窄的范围内，然后市场又开始活跃，行情朝着某个方向运动，这时你就应当跟进了。当然，有时可能会出现假象。在显示有买进活动发生以后，可能会传出一些消息，先是引发期货迅速下跌，而后又迅速反弹。这时，如果价格向上突破了原来形成的价位，就可以认为行情已经逆转，价格将继续攀升。

当第一个顶部形成时，经常会遇到大量套利卖出的现象，从而形成空头利益。然后，如果出现某些利好事件，做空者就会因为担忧而进行平仓，使价格略有上升，但这会削弱技术面的形势。随后将出现迅速下跌，如果这时跌破了先前的各个底部价位，且市场在下跌过程中变得非

184

常活跃，就表明趋势又一次转向下滑了。

不要每天都进行交易，要等待好时机，一旦发现自己判断正确且行情走势有利，就要果断入市交易，直到看到走势转向的预兆。当然，也不要刚一获利就停止交易，始终都要追随行情变化图与总体走势所显示的趋势变化。不要在很多利好消息爆出时就买进，也不要刚出现利空消息就卖出，因为无论是利空还是利好，所有的消息几乎已被贴现。当然，在利空或利好消息公布之后，你要仔细观察走势是看涨还是看跌。

投资者不要在长期攀升或下跌之后就马上开始进行金字塔式交易，此时的情况其实并不利。当一次长期的行情结束之后刚刚开始转而上涨或下跌时，才是金字塔式交易的好时机。当价格到达顶部或底部之后，一般都会发生一系列的快速震荡，这是规律。随后，市场就会逐渐平稳下来，为下一次重大行情做好准备。

如果在一次较差的收成之后，某年春季的棉花交易价格很高，那么在买进时就一定要小心谨慎，因为对半年后的新收成进行贴现可能会引起价格下跌。在一次较好收成之后的春季卖空也是一样，如果价格很低，就是早已对上一年的收成情况进行了贴现，但尚未对未来的收成进行贴现，而将来的情况有可能会更好或更糟。一般在大家都知道收成很好或者不好之后再按照这一情况来交易就太晚了，而行情变化图总会告诉你这些变化何时会在高价位或低价位发生。

投资者不要因为棉花期货的价格很高就去卖空。记住，只要条件到位，价格总是会继续攀升。也不要因为价格很低就买进，因为也有可能会继续下跌。总之，千万不要逆势而动，也不要去猜测顶部或底部，一定要耐心等到行情变化图显示出走势已经发生了改变才能行动。在走势非常明确之后，投资者一定能通过买进或卖出赚到很多钱。而急于求成的人和行动太慢的人，总会亏钱和丧失机会。

专家解读

本章，江恩对期货市场中的趋势判定更加细化了，因为期货的变化可能比股票更加迅速。不过，交易者应继续遵守不过度交易；善于等待好时机；等待市场剧烈波动之后的稳定期，进而盯紧市场的突破方向等和股票类似的交易法则。

在对期货市场进行讲解时，江恩多加了一条农作物期货的季节性收入原则。季节因素会导致库存减少，或者丰收会导致期货供求关系发生变化，进而影响到期货交易品种的走势。这又一次对应了江恩对证券市场交易本质判定的最根本规律——供求关系。总而言之，不能人为地去猜测顶部或者底部，否则你将损失惨重。

第三十章　棉籽象鼻虫

大约二十年前，这种小小的害虫就开始破坏得克萨斯州的棉花了。其危害程度不断加剧，每年都在向北蔓延，最终跨越了密西西比河，对南方各州的产棉区造成了巨大的破坏。虽然人们已经想尽了办法来消灭这些害人的小东西。但一直到我写这本书时，似乎所有人都认为棉籽象鼻虫无法控制。这让我想起了1893年时，棉花的售价只有每磅4美分，棉农们觉得无法接受，于是纷纷离开了自己的农场。亨利大叔说："事情这么糟糕，一定得采取些措施了，不能逼着人们去凭空想象一些事情。"当然，在人们纷纷放弃耕作，到锯木厂去做工之后，棉花收成降低了，价格也就开始上涨。在形势走向这样或那样的极端时，总会发生一些事情让人们忙碌起来，开始思考并想出一种改变现状的方法。

1917年，英国和法国处境艰难，而德国却在步步紧逼。此时必须要采取行动了，"山姆大叔"派出的队伍扭转了事态，阻止了灾难的发生。虽然美国人喜欢奢华享受，但在很多方面却很有智慧，每个时代都有天才应运而生。每当我们遇到了极端的情况，特别需要动脑筋的时候，这些人就会应运而生。目前，有关部门已经筹集了数百万美元来解决这个问题，消灭棉籽象鼻虫。毫无疑问，肯定会有一个美国天才出现，用一种新发明或是一种新型的杀虫剂来彻底消灭这些小小的棉籽象鼻虫。到那时，那些鼓吹并期盼棉花期货价格达到每磅40~50美分的多头期货交易商，将会像棉籽象鼻虫一样一去不复返。随着棉价回到十几美分的价位，空头交易将再次活跃起来。

自 1915 年每磅 7 美分开始上涨以来，棉价一直居高不下。我清楚地记得在 1914 年秋天，南方的境况非常悲惨，他们敦促每一个人都去"买一包棉花"。当时，每包棉花的售价大约只有 30 美元，为了挽救南方，他们呼吁所有人以每包 50 美元的价格去购买。回想起来，有一天晚上我住在麦克阿尔平旅馆，当时大堂里放着一包棉花，上面的牌子写着"购买一包棉花，帮助挽救南方"。这就是生产过剩的后果，供应量远远大过了需求量。当然，这其中有一部分原因是战争阻断了欧洲人从美国进口棉花。

当棉价大约是每磅 29 美分，并且比多年以来的售价还要高时，人们认为棉籽象鼻虫就是那时的"皇帝"，不可能再大量种植棉花来满足需求了。但情况肯定会发生变化，因此还会出现供过于求的情况。为什么呢？因为当棉花售价为每磅 25 美分时，种植棉花就能赚很多钱。当一种生意很赚钱时，人们总是一窝蜂地去做，结果肯定会造成生产过剩。根据现在供应量小而需求量很大的情况来看，将来一定会走到另一个极端。我现在就敢断言：1923 年的棉花种植面积将会很大，棉花的售价在 1924 年春季以前将是每磅 15 美分，而几年之后还会出现每磅低于 10 美分的情况。

当极端情况出现时，大家都悲观地认为价格会下跌，看不到价格上涨的希望；而当价格异常高时，大家又都认为情况就是如此，价格不会下跌。此时恰恰应当进行逆向思维，根据大盘和股市行情变化图来做出判断，因为大盘和股市行情变化图都会根据供求关系的自然法则客观地显示出正确的价格变化规律。

专家解读

　　本章讲述了棉花的病虫害所引发的一系列社会现象及经济现象，并最终导致期货价格出现了波动。江恩通过这一事例向读者说明，凡事皆有两面性，一定要将期货产品放到社会经济生活的大环境下进行综合分析。棉花价格很低时，会有大量棉农放弃耕种棉花，造成因供不应求而涨价。但是，农民一窝蜂地去耕种棉花又会产生供大于求，进而导致棉花期货价格的下跌。这一规律在目前所有的农产品市场上都有体现。

第三十一章　小麦和玉米交易

正如前文所述，小麦和玉米期货市场跟棉花期货市场一样，跟踪起来要比股市容易得多。因为这些期货市场比较简单，一旦判定了走势，所有期权的走势基本一样，投资者只要根据对走势的正确判断买进或卖出，就能赚到钱。在股市上交易时，即使对铁路股的走势判断是正确的，倘若你选择了滞后的个股进行交易，往往也赚不到什么钱，甚至还会亏损。而在进行粮食期货交易时，永远也不会发生这样的情况。因此，一定要认真研究期货市场，因为每年只有在发生季节性变化时，才有几次赚大钱的机会。

反常的市场

记住，波动幅度非常大的反常市场行情隔上几年才会出现一次。因此，一定不要妄想在常规情况下就能获得不切实际的利润。在过去七年当中，或者说自从第一次世界大战爆发以来，我们曾经遇到过反常市场，小麦和玉米期货都曾出现过大幅度的波动，幅度要比常规情况下人们所预测的大得多。当时，很多交易者都错过了获取适当利润的时机，因为他们总想获取战争带来的暴利。这样想既没有什么理由也没有确定的依据，只不过是在用自己的期望去赌博罢了。

小麦、玉米和燕麦期货的价格在很大程度上是由美元的购买力决定的。1895 年和 1896 年，当农民以每蒲式耳 60 美分的价格出售小麦时，他们赚的钱实际上比现在更多。虽然现在的小麦价格是每蒲式耳 1 美元，

但当前美元的购买力降低了，而劳动力和土地的价格却提高了。当这些
条件发生变化，而农场的劳动力价格又恢复正常时，小麦和玉米期货的
价格自然就会降低。所以，在判断行情走势时，所有这些决定自然条件
的因素都要考虑进来。

所需的资本

投资期货所需资本的多少取决于该期货的价格是在常规年份窄幅震
荡，还是在反常年份剧烈震荡。我认为，无论是什么情况，交易5000蒲
式耳的期货至少要有2000美元的资本。这样，如果把每蒲式耳的损失限
定在2~3美分，就可以用自己的资金不断进行交易，并使获利最终超过
损失。

假定你在距离4点处下止损单，那么每5000蒲式耳的期货最多会损
失200美元。你所有的资金就可以进行10次交易。如果交易了5次且每
次都赔了，依然还有继续交易所需的资金；而如果你成功地跟踪了走势，
只要做两次交易就可以把前面5次交易中造成的损失弥补回来。

在常规市场中，每做5000蒲式耳的玉米期货交易就应当准备1000美
元的资金。要把损失限制在每蒲式耳2美分左右，下止损单的价位不应
超过当前价位上下3美分。如果一次交易负担了多于3美分的风险，那么
就不够安全了。当你对行情判断失误，就要及时退出交易，再次等待
时机。

用止损单保护资金和利润

在进行小麦或玉米期货交易时，每次交易都应当使用止损单。只一
味交易而不下止损单的人，迟早会把钱全部赔进去。一般来说，如果每

次交易风险都超过了每蒲式耳 2 ~ 3 美分，就赚不到钱了；即使是在异常狂热的市场中，风险也不能超过每蒲式耳 5 美分。如果你不能将顶部或底部的价位预测在上下 5 美分之内，就说明你判断失误了，应当退出交易，等待走势发生变化。

千万不要逆势而为，否则发生止损的机会就要多出很多。在牛市上，始终都要在价格下跌时买进；而在熊市上，则要在价格反弹时卖出。不要试图猜测行情什么时候会达到顶部或底部，而要等到大盘显示出来。当市场发生变动时，要耐心等待一段时间，供求关系会说明走势在什么时候会完全改变。

金字塔式交易

市场表现活跃时，你可以采用金字塔式交易的方法。交易的间隔时间取决于市场。在波动幅度很小的市场中，应当等到第一笔交易朝着有利的方向上涨或下跌 4 ~ 5 美分之后再进行第二笔交易。如果是战争时期，可以等到每蒲式耳上涨或下跌 7 ~ 10 美分之后再进行金字塔式交易。在常规市场中，当每蒲式耳的价格上涨或下跌 10 ~ 12 美分之后，肯定会出现每蒲式耳 3 ~ 5 美分的反向运动。因此，如果价格在顶部或底部上下 10 美分的范围内波动，此时的买进或卖出就一定要小心谨慎。

一旦市场脱离了吸筹区间且走势明显看涨或看跌，出现价格回调的幅度就会很小。在吸筹和派发期间，应当通过交易快速套取小额的利润，但绝不能尝试进行金字塔式交易。你要等到市场已经完全脱离吸筹或派发区间之后，才能继续买进或卖出。

专家解读

　　小麦和玉米的期货交易同棉花类似。江恩在这一章详尽地描述了资金的配置，止损单的不可或缺性，以及到底应该接受多少额度的亏损等。需要指出的是，小麦和玉米虽然放在一起讨论，但是这两者还是有本质区别的，小麦主要供应的对象是人，而玉米主要供应的对象则是家畜，这在需求上是要分刚性需求还是非刚性需求来对待的。

第三十二章 判定吸筹区间和派发区间

股票和棉花期货的交易规则同样也适用于粮食期货。任何重大或持续的行情出现之前，总需要大量的时间去吸筹或派发。如果某种期权表现很活跃，你就应当每天、每周、每个月都在行情变化图上记录其高位和低位。每天的行情变化图能够帮助你判断那些只有几天的小行情什么时候会出现；而有了每周和每个月的行情变化图，你就能够判断出主流走势什么时候会出现变化，这样就能抓住大的行情变化，及时买进或卖出。

小麦期货价格的月度变化区间

供求关系决定了期货价格的走势，而揭示集合买卖力量的大盘或行情变化图则会显示出主流走势的移动方向。

1894 年到 1895 年，小麦期货的售价只有每蒲式耳 50 美分，这是美国内战以后出现的最低价。连续几年，其价格都没有大幅上涨，一直维持在很低的价位。行情变化图 14 显示了 1895 年到 1898 年的小麦期货行情。1895 年 12 月，"五月小麦"期货的最低价格是 56 美分；随后在 1896年 2 月到 4 月间反弹到了 68 美分，但在 5 月份又跌回了 1895 年 12 月份的 56 美分。在这之后，价格一下涨到了 85 美分，突破了高于派发区间的68 美分。请注意，在之后的四个月里又连续出现了与此相同的高位。1897 年 4 月，价格跌落到了 64 美分；随后价格开始攀升，并突破了几年以来的最高价位 85 美分。1897 年 8 月，价格又上涨到了每蒲式耳 1 美元；接着又跌到了 88 美分，然后开始在 88 美分到 95 美分之间连续窄幅波动了四个月。1897 年 12 月，价格上升到了高于四个月以来最高价位的98 美分。

我已经提到过多次，任何一次大幅度攀升或下跌行情出现之前，都需要花很长一段时间吸筹或派发，然后行情才能开始。从 1897 年 8 月到1898 年 2 月，吸筹的价格都高于此前几年最高价位。换句话说，这次的价位就是此后七个月里的新高。而一旦走势改变，价格上涨突破 1 美元之后，还会继续上攻至 1.09 美元，说明这是一波大行情。1898 年 3 月，"五月小麦"期权的交易区间一直维持在 1.07 ~ 1.02 美元，但所有迹象都表明走势看涨。之后，一波大行情就开始了，1898 年 5 月，价格上涨到了 1.85 美元，这就是雷特囤积。雷特先生买进了大量的小麦期货，但没能维持住高价位，结果最终囤积崩溃，小麦期货的价格一下子跌到了每蒲式耳不足 1 美元。

1898 年 9 月，"五月小麦"期权又跌到了每蒲式耳 62 美分左右，之后连续三个月都维持在这一价位附近；到了 1899 年 1 月，期货价格涨到了 79 美分，此后就出现了窄幅震荡的常规行情。而 1899 年 7 月和 9 月价格又攀升到了 79 美分左右；然后在 1900 年 3 月到 5 月间下跌到了 64 美分，而这时价格震荡的幅度也下降到了每月 3 ~ 4 美分。

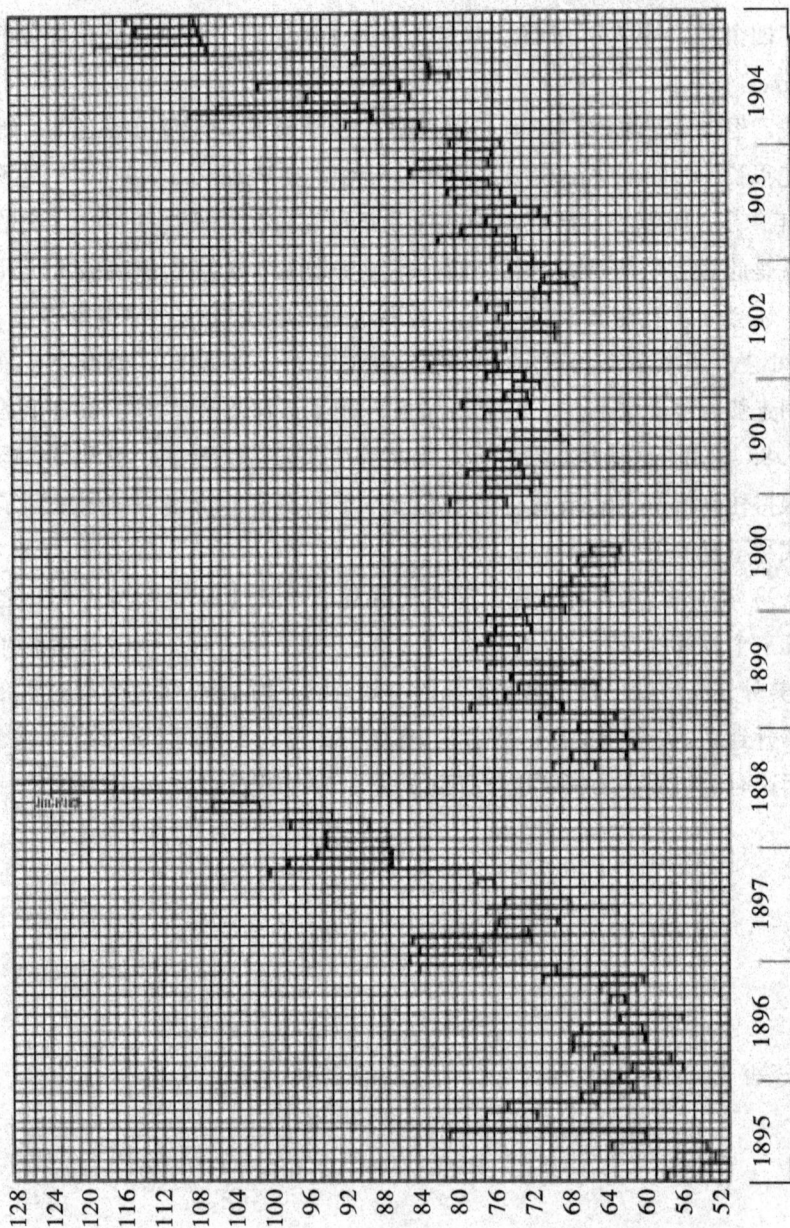

行情变化图14（1） 五月小麦期货月度峰值和谷值
（1895—1904年）

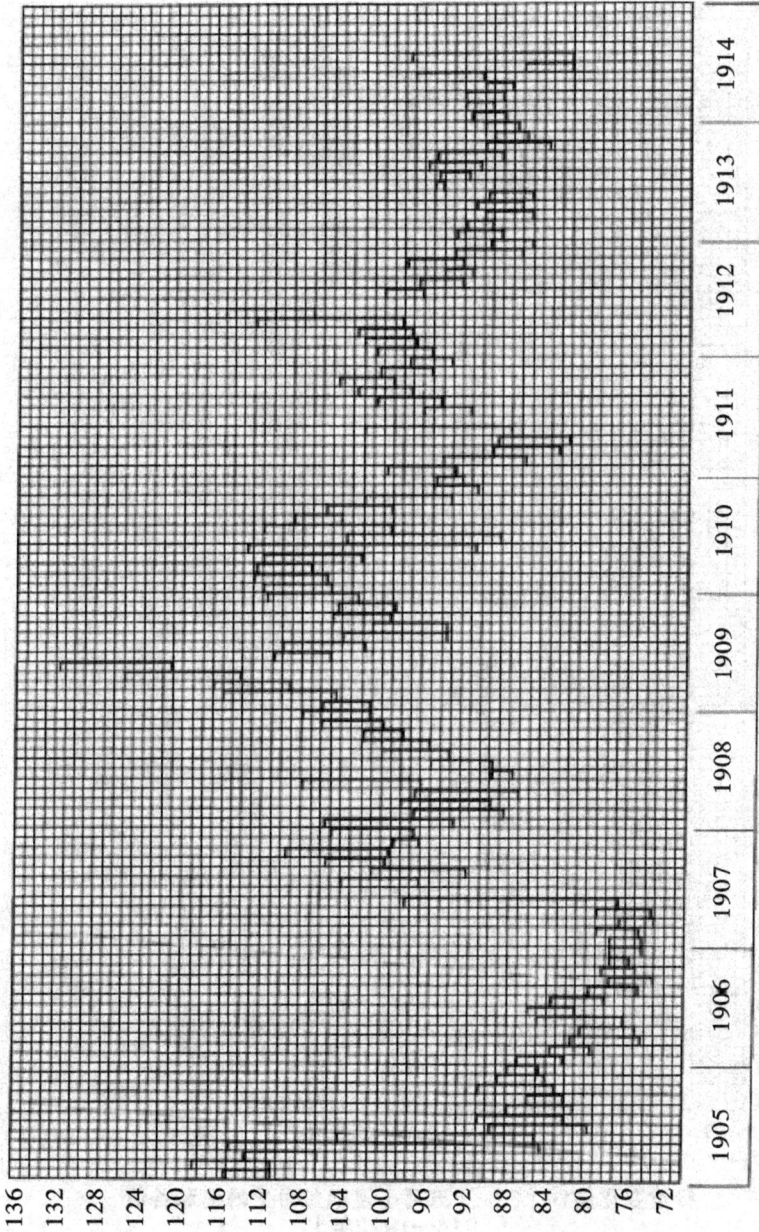

行情变化图14（2） 五月小麦期货月度峰值和谷值
（1905—1914年）

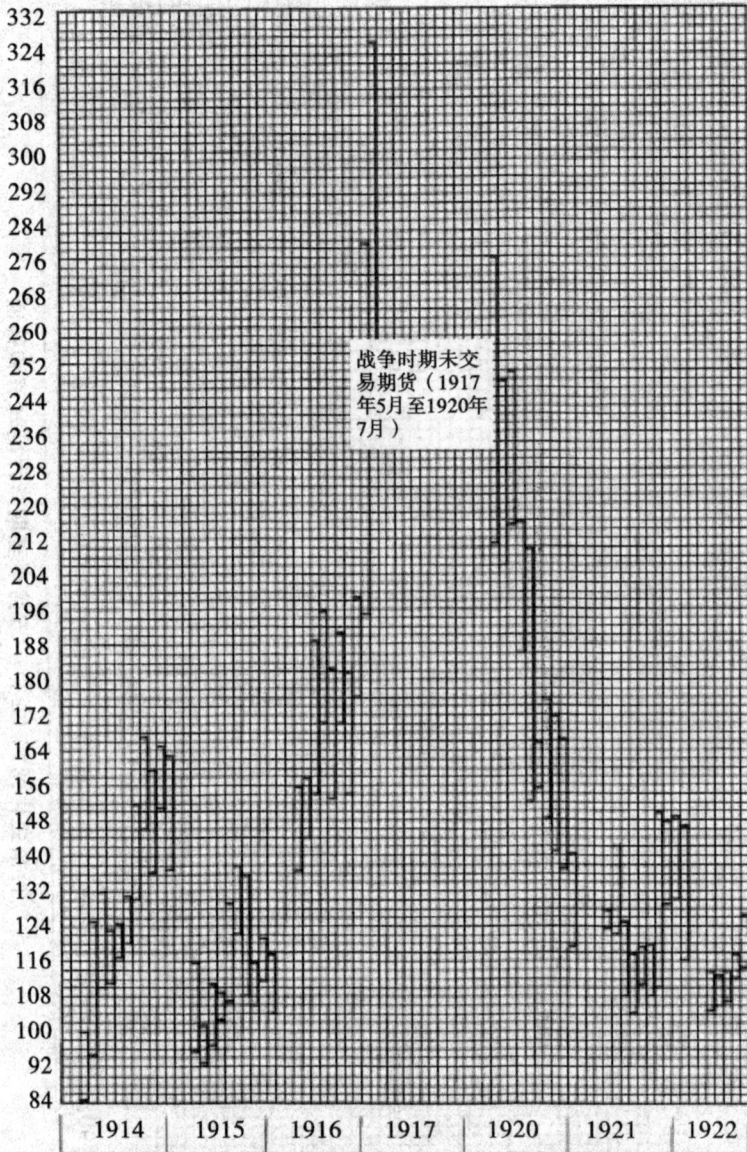

行情变化图14（3）　五月小麦期货月度峰值和谷值
（1914—1922年）

波动图

  在接下来的很长一段时间里，市场都处于窄幅波动阶段。行情变化图 15 显示了从 1895 年年初价格逐年上涨以来，其间几次大波动主要的顶部和底部。

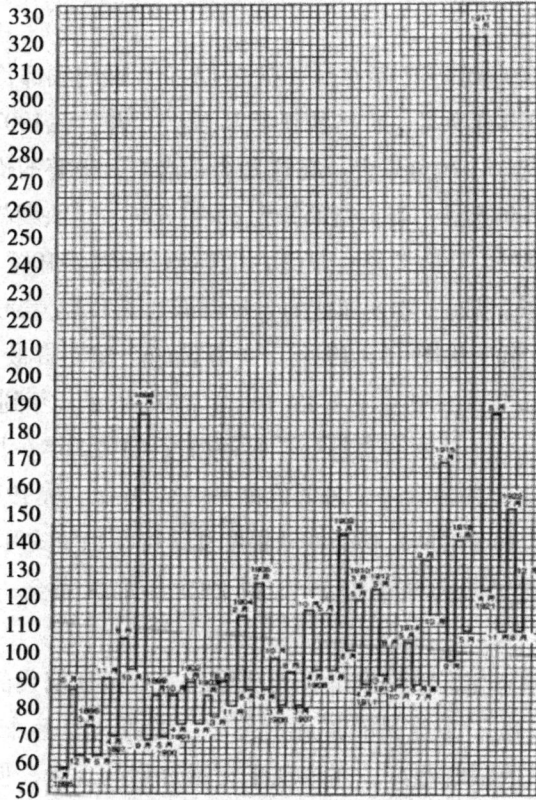

行情变化图 15　五月小麦期货价格波动图
(1895—1922 年)

从上图可以看出，在 1914 年战争爆发之前，底部每次都略有提升；而战争爆发之后，价格更是上涨到了异常高的价位，1917 年 5 月甚至达到了 3.25 美元。

对于 1904 年秋和 1905 年年初的顶部，需要投资者注意的是，当时小麦期货的价格达到了 1.20 美元，这是雷特囤积以后的最高价位，那时的派发区间是 1.08～1.20 美元，而价格跌破了这一水平之后，就于 1905 年 6 月迅速跌到了 82 美分。这种情况在每次长时间的买进和派发之后都会出现。一旦价格突破了买进区间或派发区间，紧接着就会出现一次迅猛的行情。

从 1906 年 3 月到 1907 年 4 月，在这 12 个月里的底部价位震荡幅度一直都很小。1906 年 9 月，价格跌到了 75 美分，并且在 1907 年 5 月以前始终都没能反弹到 81 美分以上。在这九个月当中，吸筹的价位一直都在窄幅震荡。1907 年 5 月，当价格攀升到 82 美分时，这些期权脱离了吸筹区间，并且随即在 5 月份迅速上涨到了 1 美元；而到了 1907 年 10 月，出现麦蚜虫引起的恐慌时，小麦期货的售价就涨到了 1.12 美元。

注意观察行情变化图 15，1911 年 4 月份的小麦期货最低价是 84 美分，而到了 1912 年 5 月则涨至 1.19 美元。此后从 1913 年到 1914 年长达两年的时间里，小麦期货一直都处于吸筹阶段。1914 年 6 月和 7 月，价格又跌到了 1911 年的最后一个最低价位——84 美分。从 1912 年 10 月到 1914 年 7 月，大部分时间价格的变动幅度都维持在每蒲式耳 6～10 美分，清楚地说明了这又是一次跟 1906 年到 1907 年那次完全一样的大规模吸筹。

1914 年 7 月下旬，第一次世界大战爆发了，粮食期货的价格也开始上涨。当价格突破了 1 美元的买进价位时，说明这次上涨的幅度很大。尽管全国的粮食收成都很好，还出现了大量过剩的现象，但价格还是在 1914 年 9 月涨到了 1.32 美元。虽然后来曾暂时下挫到 1.11 美元，但连续几个月吸筹之后，1915 年 2 月小麦期货价格涨到了 1.67 美元。由此可见，这一价位大约维持了四个月，而在此期间派发开始了。1915 年 9 月，价格跌到了 93 美分；1916 年 1 月反弹到了 1.38 美元；1916 年 5 月又回落到了 1.04 美元。

此后，由于欧洲小麦几乎绝收，同时其他国家在大量收购，小麦期货价格在 1917 年 5 月涨到了 3.25 美元。就在这时，政府宣布停止期货交易，并把小麦的现货价格定为每蒲式耳 2.50 美元。1920 年 7 月，期货交易恢复了，这一年 12 月份，小麦期货以 2.75 美元开盘。随后，价格便开始持续下跌，到 1921 年 4 月份已经跌到了 1.20 美元。1921 年 5 月，由于财政困难，"五月小麦"期货的价格涨到了 1.85 美元。1921 年 11 月，又跌落到了 1.04 美元，而这正是先前曾于 1916 年 5 月出现过的最终底部价格。

从行情变化图 15 上可以看出，随后的几个月是吸筹阶段，变化幅度很小；到了 1922 年 2 月，"五月小麦"期货的价格攀升到了 149.875 美分。而且，从 2 月份到 4 月份，价格都只上升到了这一价位附近，却一直没能突破 2 月份的高位。1922 年 5 月初，其价格是 1.47 美元，大家都认为小麦期货会上涨，希望能涨到 2 美元。但记录大盘变化、说明供求关系的行情变化图却明确显示，近四个月来一直都有人以 1.44 ~ 1.48 美元的价格供应小麦期货。

1922 年 5 月份的下跌非常快，价格迅速跌至 1.16 美元，而且继续缓慢下挫；1922 年 8 月，"五月小麦"期货价格跌到了 1.05 美元。从 8 月份到 10 月份，价格一直都维持在 1.06 ~ 1.12 美元；1922 年 12 月份这一价位被突破了，涨至 126.875 美分。请注意，上一次的最低价位 1.04 美元是在 1916 年 5 月份出现的，并在 1921 年 11 月和 1922 年 8 月都出现了同样的价位。如果再次出现 1.04 美元的价位，就说明价格会进一步下跌，很可能会一直跌到每蒲式耳 90 ~ 93 美分；而如果价格突破了上一个价位 126.75 美分，那就说明还会继续上涨。

无论是投资小麦期货、玉米期货、燕麦期货，还是投资大麦期货，投资者都要绘制一张行情变化图，并且按照上述办法去判断，以判定买进区间和派发区间。一旦价格突破了这些区间，就要在走势再次变化之前采取行动。千万不要进行毫无理由的交易，不要因为价高就卖出，也不要因为价低就买进，一定要等到看出走势方向后再进行交易。

周行情变化图

小麦期货和玉米期货都会出现陡直或扁平的顶部和底部。行情变化图 16 显示了"五月小麦"期货每周的最高价位和最低价位。注意，1921 年 4 月 16 日，其价格跌到了 1.19 美元，随后反弹到 1.32 美元左右，并连续两个星期在此价位上窄幅波动，最终于 5 月底迅速上涨至 1.85 美元。这是陡直底部出现之后的一次迅猛攀升，吸筹过程只花了短短两三个星期，接着在平仓之后迅速上涨至一个新高。

看一看从 1921 年 10 月到 1922 年 12 月的每周行情变化图，你就会发现，持续吸筹的时间明显超过了 14 个星期，而且价格一直没有低到 103.5 美分，即在 1921 年 11 月 5 日出现过的价位。价格长期维持现状，没有继续下跌，说明吸筹正在进行；但如果一直等到看到明确迹象，即当价格涨至高于吸筹区间的 1.20 美元时，就能赶上一波迅速上涨的行情，此时每蒲式耳小麦期货的价格在四个星期内将会上涨 28 美分。

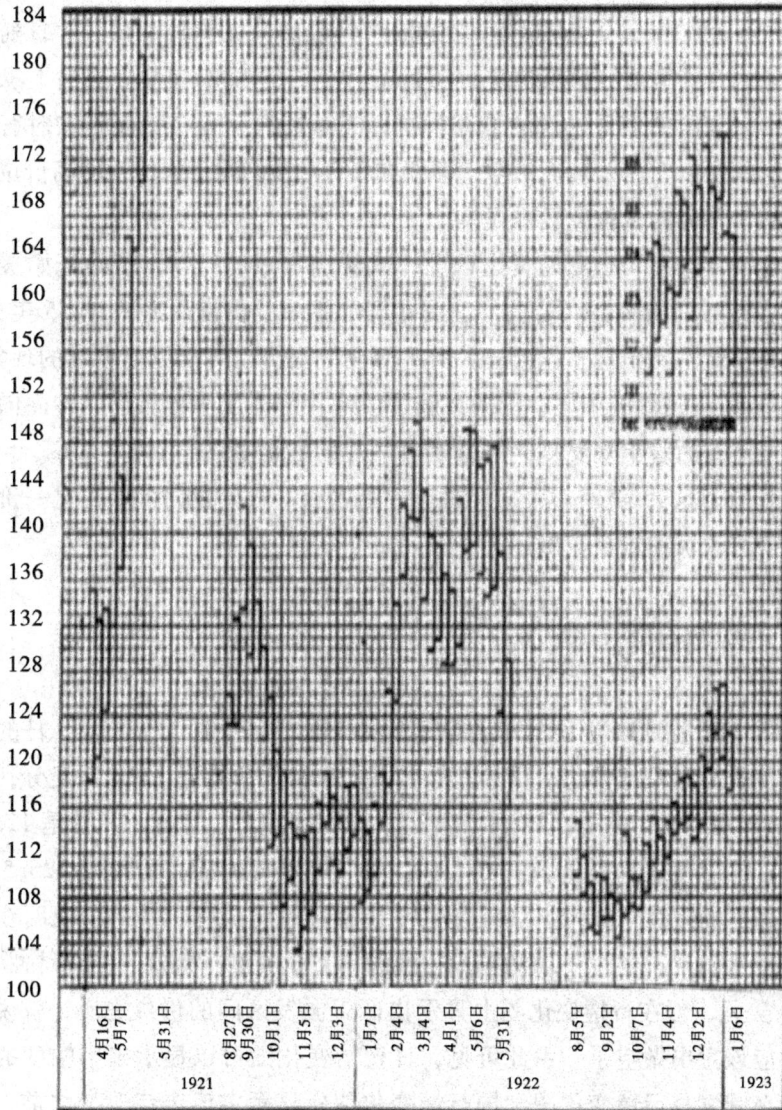

行情变化图 16　五月小麦期货每周峰值和谷值

（1921 年 4 月 16 日—1923 年 1 月 6 日）

接下来，在 1922 年 2 月 27 日期货价格涨至 149.5 美分之后，迅速下跌到了 1.30 美元。经过四五个星期的窄幅震荡，在 4 月 1 日至 8 日前后跌到了 128.5 美分的最低价位；随后又上升到了 1.49 美元。随后上涨便止步了，未能突破 2 月份的最高价位；吸筹持续了五个星期，这时有大量的时间可以卖出并转而做空，但要在 2 月和 4 月中下旬出现的高价位以上 2 到 3 美分的价位设置止损单。

这一年 5 月，小麦期货出现了一次快速下跌的行情，价格开始缓慢走低。到 1922 年 8、9 月间，"五月小麦"期货的价格跌到了 104.5 美分。注意，这时候又出现了连续五六个星期在小幅波动的价位上吸筹的现象。在 9 月 23 日这周的末尾，价格突破了吸筹价位，说明走势已经转而向上了。虽然此后曾出现反复，但总体趋势还是在继续攀升，并于 1922 年 12 月上升至 126.75 美分。从每天的行情变化图可知，我们可以在这一价位上以接近顶部的价格卖出。

日行情变化图

行情变化图 16 上面的小图显示的是 1922 年 12 月 13 日至 29 日的每日最高价位和最低价位。请注意，12 月 20 日的价格是 126.25 美分；12 月 22 日是 126.5 美分；12 月 27 日是 126.75 美分；12 月 28 日是 126.5 美分，然后便从这一价位开始下跌。12 月 18 日的最高价位是 125.5 美分；随后的连续十天，上涨幅度也没能超过每蒲式耳 1 美分，说明在这一价位上出现了供过于求的局面。经过一段时间的波动后，当价格跌回 1.25 美元，即在行情变化图上显示出低于派发区间的价位之后，就说明这时应该卖出做空了。由此可见，日行情变化图可以显示出小幅度的变化，在阅读月行情变化图和周行情变化图所显示主流走势改变之前，可以在价格接近顶部或底部时卖出或买进。但要小心的是，日行情变化图常常会误导人，这是因为短时间内会出现很多与主流行情完全相反，但又不能改变主流行情的假行情。

判断走势的变化

通过研究、实践和考察市场的活动情况，可以很快判断出走势的重大变化。因为无法知道小麦期货和棉花期货每天交易的确切数量，所以唯一可以判断出大笔交易具体时间的依据就是波动的频率。

假设某一天"五月小麦"期货的交易价位是 1.24～1.26 美元，但在高低之间变动了五六次，也就是在同一区间内上下变化。这样，我们就能认定有大笔交易正在进行，而且有人在 1.26 美元左右的价位卖出，并以 1.24 美元的价格买进。但是，如果第二天跌到了 1.24 美元以下，就说明前一天的成交价位已失去支撑；如果涨到了 1.26 美元以上，则说明在该价位卖出的小麦期货已经被全部吸纳，价格还会继续上涨。但是，若一天之内小麦期货的交易价位是 1.24～1.26 美元，只不过是以 1.24 美元开盘，此后便毫无反复地径直攀升到了 1.26 美元，你就能得出结论：交易量还不够大，不足以说明庄家是在为即将发生的走势变化做准备。

供求关系

每当行情开始上涨，就会持续一段时间，直至上涨到供求大致平衡、价格平稳下降为止。随后，当供给不断增加超过需求时，价格就会下跌。

在长时间的下跌或上涨过程中，如果上涨后到达的价位使得所有供给都被吸纳，价格就会继续攀升到一个更高的价位，再次吸纳大量的供给，直到价格再次涨到某个水平后，卖出量远远超过需求量，派发就会开始，而市场也会随之出现长时间的下跌走势。因此，在底部或顶部完成吸筹或派发需要花上几个星期，有时甚至是几个月的时间，然后才会出现一次大的行情。

走势发生变化后，在市场第一次或第二次趋于平缓时就买进或卖出的人肯定都会赔钱。因为，这只是在某个价位上吸纳供给或是满足需求而暂时的停顿；在这一停顿之后，主流走势会继续向下一价位发展。因此，千万不可逆势而动——始终都要顺势而为。如果只是暂时逆势交易一下并有幸赚了一小笔钱，就要见好就收，不要贪得无厌。同时还要通过下止损单来保护自己的交易，而且在逆势交易时，千万不能完全背离走势。

选择经纪人

最后，同时也是最重要的一件事，就是选择一位可靠的经纪人。在过去几年中，因为经纪人不可靠而导致交易失败的事例已经造成了数百亿美元的损失。因此，知道买进和卖出的最佳时机很重要，而确保自己的钱财安全、赚到钱后能够连本带利地一块拿到手也同样重要。

在选择经纪人之前，一定要适当调查，确保自己选择的经纪人很安全，不只是财务方面，还要弄清楚经纪人本人或是其所在公司是否进行投机交易。从事投机或是允许别人拿企业的信誉或客户的钱去投机的经纪人是不可靠的。

我个人建议，最好不要通过那些不属于纽约证券交易所、纽约棉花期货交易所或芝加哥交易行的经纪人去进行交易。隶属于其他交易所的经纪人机构中，也有几家诚实又可靠的。因此，在开户之前一定要对经纪人机构进行调查。

专家解读

研判期货市场的吸筹和派发区间难度极大，江恩基本上延续了股票市场中的研判方法。仍需强调的是，任何一次大幅拉升或者下跌行情，在出现之前都需要花费相当长的时间吸筹或者派发。时间基本上在半年到几年不等。在江恩那个年代，还需要手工绘制月线和周线行情图，如今各种软件让这些走势图瞬间即可呈现在你面前。然而问题是，不少读者误以为必须手绘才能真切感受到股价或者期货价格的波动，并坚持这一做法，声称对自己证券市场的投资帮助颇大，我个人对此存疑。虽然我并没有亲自动手画过 k 线，但是我坚持认为，后人可能误解了江恩当初的真实意思。因为没有图而需要画图，和因为别人给的图你印象不深而必须要画图，这是两码事。

最终江恩回到了供求关系上，认为期货品种行情的涨跌基本上决定于供求关系。请注意，不是期货实际货物的供求关系，而是期货主力合约的供求关系，这和股票市场是一致的。

· 好书推荐 ·

基本信息

书名：趋势投资——金融市场技术分析指南

作者：丁圣元 著

定价：118.00 元

书号：978-7-115-54580-0

中国金融界的思想家和卓越实践者丁圣元先生

历时 10 年打造

30 年职业生涯的集大成之作

- 将日本蜡烛图技术和西方技术分析工具落地到每一天的交易当中。

- 3 阶段趋势走势模式分析。

- 5 大基础趋势分析工具系统讲解。

- 10 个买卖点形态交易指导。

- 332 张图形示例解读。

- 使您始终站在趋势一边，通过趋势演变来领会市场的本质，站在长期的视角来看待当下的变化，以行情的事实为依归，应对市场的不确定性，做出合理的交易决策。